Verbo e práticas discursivas

Consulte nosso catálogo completo e últimos lançamentos em **www.editoracontexto.com.br**.

Verbo e práticas discursivas

Maria Valíria Vargas

COLEÇÃO **LINGUAGEM & ENSINO**

Coordenação de Vanda Maria Elias

editora**contexto**

Foto de capa
Almeida Júnior, *Cena de família de Adolfo Augusto Pinto* (óleo sobre tela)

Montagem de capa e diagramação
Gustavo S. Vilas Boas

Preparação de textos
Lilian Aquino

Revisão
Evandro Lisboa Freire

Dados Internacionais de Catalogação na Publicação (CIP)
(Câmara Brasileira do Livro, SP, Brasil)

Vargas, Maria Valíria
    Verbo e práticas discursivas / Maria Valíria Vargas. – São Paulo :
Contexto, 2011.

    Bibliografia.
    ISBN 978-85-7244-689-1

    1. Comunicação e expressão 2. Linguística 3. Português – Estudo
e ensino 4. Português – Gramática 5. Português – Verbos I. Título.

11-09742   CDD-469.5

Índice para catálogo sistemático:
1. Verbos : Gramática : Português : Linguística   469.5

2011

EDITORA CONTEXTO
Diretor editorial: *Jaime Pinsky*

Rua Dr. José Elias, 520 – Alto da Lapa
05083-030 – São Paulo – SP
PABX: (11) 3832 5838
contexto@editoracontexto.com.br
www.editoracontexto.com.br

O aspecto constitui uma informação sobre a maneira pela qual o sujeito enunciador encara o desenrolar de um processo, seu modo de manifestação no tempo.

Dominique Maingueneau

Para Getúlio, Ricardo, Fernando e Vítor, elos de infinita ternura.

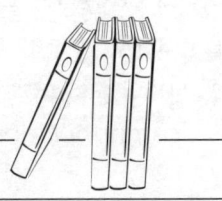

Sumário

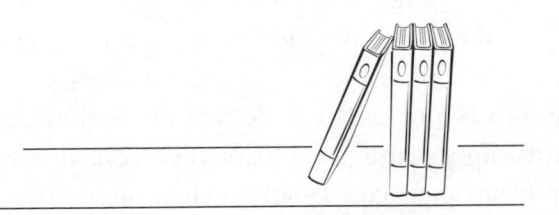

Introdução

Este livro tem como propósito maior verificar as possibilidades de estender e aplicar, às atividades do ensino de língua materna ou estrangeira, as concepções de texto e discurso, de língua e linguagem, de atividade linguística dos sujeitos e das condições de produção textual e discursiva. Portanto, as ideias aqui apresentadas inserem-se num projeto mais amplo de discussão das teorias e práticas discursivas.

Dentro da proposta de realizar um estudo mais abrangente e efetivo do objeto de ensino que é a língua, e, mais amplamente, a linguagem, e, sobretudo, analisar a sua prática, que se dá sempre sob determinadas condições sócio-históricas, ofereço ao leitor, em uma linguagem de fácil compreensão e com bastante exemplificação, uma visão geral sobre o fenômeno do **aspecto verbal** na língua portuguesa, demonstrando seu estreito vínculo com a categoria do **tempo**.

Como já é de nosso conhecimento, o verbo, há algum tempo, deixou de ser tomado exclusivamente como um objeto de estudo da morfologia e da sintaxe para tornar-se foco de estudos de várias áreas interligadas, entre outras, a semântica, a pragmática, a retórica, a teoria da argumentação.

Essas novas perspectivas de análise do fenômeno verbal contrastam com a maneira tradicional de considerá-lo apenas a palavra que exprime ação, estado ou fenômeno e que apresenta grande variedade de formas para expressar, também, o modo, o tempo, a pessoa, o número e a voz.

É bem verdade que essas categorias do verbo são fundamentais para a construção do sentido dos enunciados e que seu estudo é, portanto, indispensável. Porém, sabemos que as análises da expressão verbal não podem restringir-se a classificações de formas e a exposições de modelos e quadros de conjugações. Se assim o fosse, como explicar, por exemplo, a discussão constituída em torno do tempo verbal no texto do projeto *Ficha Limpa*, que impede a candidatura de pessoas com condenação na Justiça por um colegiado (mais de um juiz)? Quando chegou ao Senado vindo da Câmara, o texto dizia que ficariam inelegíveis os políticos que já "tenham sido condenados". Ao aprovar o projeto, o Senado fez uma "emenda de redação", modificando o texto, que agora se refere a candidatos que "forem condenados", dando a entender que a inelegibilidade só valerá para condenações futuras. Como vemos, do falante ou escritor, é esperado que, além de identificar os tempos verbais, saiba reconhecer os efeitos de sentido promovidos pela troca de um tempo verbal por outro.

Tendo em vista as novas maneiras de estudar o verbo, apresento, nesta obra, as noções de **tempo** e **aspecto do verbo**, situadas no âmbito maior dos estudos da semântica do verbo. Como ponto de partida, tem-se que:

i) as formas verbais são elementos fundamentais na formação do sentido dos enunciados e devem ser analisadas de acordo com a função que desempenham na constituição do discurso;

ii) a tendência natural do sujeito que fala ou escreve é organizar os eventos que enuncia, sempre de acordo com o momento e o local em que se encontra;

iii) a organização temporal e espacial dos eventos é reveladora da intenção do sujeito de induzir seu interlocutor a tornar-se um coespectador do processo expresso pelo verbo.

A obra está organizada em quatro partes. Apresento, primeiramente, as noções sobre as categorias de tempo e aspecto que foram formuladas ao longo do tempo por vários estudiosos, destacando nesse panorama histórico as ideias mais recentes sobre esses fenômenos linguísticos.

Em seguida, a discussão se situa na ideia de que o tempo e o aspecto são categorias, sobretudo, semântico-discursivas, que marcam efetivamente os enunciados. Busco, assim, apontar algumas marcas temporais e aspectuais que se revelam nas diferentes formas de exprimir os sentidos dos verbos.

A terceira parte destina-se ao tratamento do estreito vínculo das categorias de tempo e aspecto com o contexto de produção dos enunciados. Interessa-me, também, identificar os traços temporais e aspectuais das formas nominais do verbo, bem como as marcas de aspecto reveladas em componentes léxicos dos enunciados.

A discussão levada a efeito nas três primeiras seções reflete-se nos objetivos principais da quarta e última parte desta obra. Depois de apresentar algumas considerações sobre o ensino da gramática, conforme preveem os Parâmetros Curriculares Nacionais, sugerimos uma série de atividades que envolvem a aplicação das novas ideias ao ensino do português.

Procuro, assim, demonstrar o que pode ser feito para que o estudo da expressão verbal se transforme num efetivo exercício de identificação dos rastros que o sujeito enunciador deixa de si mesmo no discurso, daquilo que objetiva dizer, de suas opiniões e crenças, que pretende compartilhar com seu interlocutor.

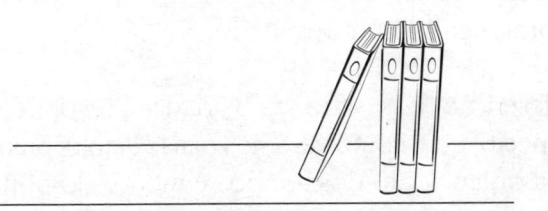

Verbo: tempo e aspecto.
De onde partimos?

Para começo de conversa, e com o objetivo de tratar das categorias de **tempo** e de **aspecto**, vamos retomar as ideias de Meillet e Vendryes (1948), famosos linguistas franceses, que, em seu tratado de gramática comparada das línguas clássicas, reconheciam que há duas formas de exprimir o processo verbal:

- as *especiais*, usadas para expressar as diversas modalidades do processo, de acordo com o que o constata (modo indicativo), o que o imagina (subjuntivo), o que o deseja (subjuntivo, optativo), o que o comanda (imperativo) etc.;
- as *variadas*, que marcam as modalidades da duração, segundo consideremos o processo verbal num ponto

ou num conjunto de seu desenvolvimento, em seu começo ou em seu término, segundo o observemos como inacabado ou concluído, limitado a si mesmo ou prolongado num resultado.

Na descrição dessas formas "variadas", reconhecemos a noção de aspecto, que, como veremos mais adiante, praticamente se perdeu na organização dos tempos e modos do português, embora se revele constantemente nos mais variados usos da língua.

As ideias de Meillet e Vendryes situam-se no universo dos estudos comparados das chamadas **línguas indo-europeias**, entre as quais se encontra o latim e, consequentemente, o português. Os autores chegaram à conclusão de que o verbo indo-europeu exprimia, de preferência e com precisão, as "modalidades de duração", resumidas sob o nome geral de aspectos.

Outro estudioso das línguas clássicas, o norte-americano Carl Darling Buck, em sua gramática comparada do grego e do latim, publicada pela primeira vez em 1933, praticamente ampliava as definições de Meillet, ao eleger as línguas indo-europeias como base para a descrição gramatical. Para Buck (1948), os tempos verbais no indo-europeu deveriam servir para denotar diferenças no "aspecto" da ação e, com alguma extensão, também diferenças de tempo.

Esses **temas temporais** distribuíam-se de acordo com o que apresentamos no seguinte quadro:

> **As línguas indo-europeias**
> Conjunto de línguas aparentadas que ocupam quase a totalidade da Europa e uma parte da Ásia. Dentre outros ramos dessas línguas, podemos citar:
> - da Europa: o grego; o germânico (alemão, inglês etc.); o eslavo (russo, polonês etc.); o itálico (latim, que deu origem às línguas românicas: português, espanhol, francês, italiano, romeno, sardo).
> - da Ásia: o indo-irânico, em que se incluem o sânscrito e o persa.

Tema do presente	A ação em desenvolvimento no próprio presente, mas também no imperfeito e, às vezes, no futuro. Ex. *Compro/Comprava/Vou comprar o carro.*
Tema do aoristo	A ação momentânea, pontual, ou observada em sumário, sem referência à duração e situada no passado. Ex. *Acabo/Acabei de comprar o carro.*
Tema do perfeito	A ação completa ou de um estado presente do sujeito, que resulta de ação ou de experiência prévia. Ex. *Comprei o carro.*

Essas ideias tornam-se interessantes quando observamos a organização dos tempos e modos verbais do latim, que já não conservara o aoristo, entre as possibilidades de expressar o passado. As noções do aoristo, porém, não poderiam se perder, assim, simplesmente.

Se retomarmos um dos exemplos apresentados no quadro anterior, "acabo" (presente) e "acabei" (pretérito perfeito), que formam as perífrases verbais (acabo de comprar; acabei de comprar), notaremos peculiaridades das noções de **presente** e de **passado**, atribuídas a esses tempos, visto que o que se manifesta, sobretudo, é a intenção de situar o ato da compra numa certa pontualidade do presente ou de um passado recente.

Essas formas, na verdade, são marcadas pelo aspecto pontual do aoristo, e, assim como não poderiam desaparecer do latim, também existem no português, embora não sejam classificadas como formas de aoristo, nem se considere sua função de indicar a pontualidade das ações. As noções do aoristo passam a ser expressas por outros meios.

Os gramáticos chegam a considerar como aspectuais certos valores semânticos pertinentes ao verbo ou ao contexto. Reconhecem os sentidos **incoativo** e **conclusivo**, em exemplos como:

> * *A criança começou a chorar.* ⇒ sentido incoativo
> * *O grupo acabou de estudar.* ⇒ sentido conclusivo

De qualquer modo, já há muito tempo, os linguistas admitiram que, ao lado das noções de tempo, modo, pessoa, número e voz, as formas verbais expressam certas peculiaridades de sentido, os aspectos, que tornam tão especial esse fenômeno gramatical que é o verbo.

Imaginemos, então, uma situação em que alguém diz:

> * Estamos realmente perdidos! Descobriram nosso segredo!

Podemos reconhecer que o sujeito/falante, ao expressar-se desse modo, situa-se num determinado momento temporal, no caso, o presente. Reconhecemos, ainda, que esse sujeito se refere a um fato ocorrido antes do momento de sua fala (o momento da descoberta do segredo).

Não podemos deixar de notar, entretanto, que a ação de descobrir, nesse caso, se deu num determinado momento do passado e que está concluída/acabada, ao passo que a forma de presente (*estamos*) denota, principalmente, a permanência do sujeito, e de outros, com quem se relaciona, num determinado estado (*perdidos*).

Nesse conjunto de ideias sobre o aspecto, não podemos deixar de lembrar que muitos estudiosos das línguas indo-europeias referem-se à importância da **raiz** (hoje, fala-se em radical, em vez de raiz) como elemento fundador do sentido das palavras.

Assim, admite-se que o aspecto pode alterar-se em função de certas

> **Conceito de raiz/radical**
> Menor parte que compõe uma palavra e que é comum a vocábulos de uma mesma família. Por exemplo, de *chov-* (raiz, também chamada "radical primário"), formam-se palavras da mesma família: *chuva, chover, chuvisco, chuviscar, chuvoso, chuveiro* etc.

características da própria raiz do verbo, como ocorre, por exemplo, quando há a presença de um afixo (prefixo ou sufixo) na formação do tema da conjugação. No português, essa formação se verifica nos verbos cujos sufixos expressam um **sentido frequentativo, durativo**. São exemplos os verbos *cabecear, gotejar, bebericar, dedilhar, chuviscar, saltitar*.

Também são reflexos dessa formação os chamados verbos incoativos, compostos com o sufixo -*ecer* (ou -*escer*), que atribui à raiz/radical o sentido de começo de um estado ou o seu desenvolvimento. Como exemplos desses verbos, podemos citar: *amadurecer, rejuvenescer, florescer, escurecer* etc.

Tais verbos, portanto, em decorrência de sua formação e também pelo sentido que expressam, são marcados pelo **aspecto imperfectivo**. Por essa razão, dizemos que são verbos aspectuais por natureza.

Isso quer dizer que as marcas de aspecto se revelam também nos próprios componentes léxicos, ou seja, na própria formação das palavras que vão compor os enunciados.

Observemos como a seleção das palavras (nomes, verbos, advérbios) e também as reticências contribuem para produzir, no poema de Manuel Bandeira, a seguir, o efeito da lentidão do cair da tarde:

Felicidade

A doce tarde morre. E tão mansa
Ela esmorece,
Tão lentamente no céu de prece,
Que assim parece, toda repouso,
Como um suspiro de extinto gozo
De uma profunda, longa esperança
Que, enfim cumprida, morre, descansa...

E enquanto a mansa tarde agoniza,
Por entre a névoa fria do mar
Toda a minhalma foge na brisa:
Tenho vontade de me matar!

Oh, ter vontade de se matar...
Bem sei é cousa que não se diz.
Que mais a vida me pode dar?
Sou tão feliz!

– Vem, noite mansa...

Fonte: BANDEIRA, Manuel. *Antologia poética.* 12. ed. Rio de Janeiro: Nova Fronteira, 2001, pp. 49-50.

No poema, as formas verbais usadas no presente do indicativo (*morre, esmorece, parece, descansa, agoniza, foge* etc.) contribuem para a construção do efeito de sentido do cair da tarde e da sensação que esse fenômeno da natureza provoca no sujeito/eu-poético. "Presentifica-se" e prolonga-se esse momento, sobretudo com o uso dos verbos "esmorecer" (2º verso) e "agonizar" (8º verso), cujos sentidos se reforçam com o emprego de certos adjetivos e locuções adjetivas (*doce, mansa, de prece, profunda, longa*) e com elementos circunstanciais (*tão, lentamente*). A tarde e a noite são personificadas (a tarde morre, é mansa, esmorece, descansa). O verso final, construído com a forma de imperativo do verbo "vir", intensifica a sensação provocada pela chegada da noite: *Vem, noite mansa...*

Por serem importantes elementos na produção do sentido dos textos, as formas verbais não podem ser analisadas apenas em sua constituição morfológica ou por meio de sua função sintática. Importa verificar em que medida contribuem para essa construção do sentido dos textos e o quanto refletem a intenção do sujeito que as seleciona para comunicar-se, oralmente ou por escrito.

Vale lembrar que, em geral, as formas verbais são acompanhadas dos chamados termos acessórios das orações, especialmente dos adjuntos circunstanciais de tempo, modo, intensidade, proporção etc., que acrescentam nuanças de movimento ou de "aspecto" e contribuem, assim, em grande medida, para a formação de sentidos dos enunciados.

Consideremos as frases seguintes:

> * Pedia a ajuda do pai.
> * Pedia *incansavelmente* a ajuda do pai.

Não é difícil perceber que há uma diferença de sentido entre essas frases. O termo circunstancial de modo, *incansavelmente*, influencia, sem dúvida, a construção de um sentido mais durativo do verbo *pedir*, flexionado no pretérito imperfeito, tempo que, por natureza, já expressa um prolongamento do sentido desse verbo e que, portanto, é marcado pelo aspecto imperfectivo.

Definindo o aspecto

Nos manuais de linguística histórica e de gramática comparada das línguas clássicas e indo-europeias, são apresentados três aspectos básicos, que estariam envolvidos no processo verbal primitivo do chamado grupo indo-europeu, conforme podemos observar no quadro a seguir.

Durativo	Processo em sua duração ou desenvolvimento, isto é, o processo visto em seu caráter dinâmico e progressivo e identificado pelos linguistas como presente, em que o momento do evento descrito coincide com o do ato de enunciação que o descreve. Exemplo: *Ouço/Estou ouvindo* um ruído lá fora.
Pontual	Processo em si mesmo, sem qualquer consideração com sua duração, isto é, sem referência a qualquer ponto de seu desenvolvimento, ou seja, sob o aspecto zero, conhecido pelos gramáticos gregos como aoristo. Exemplo: *Acabo/Acabei* de ouvir um ruído lá fora.
Resultativo	Processo em seu termo ou acabamento, isto é, como já realizado ou com um resultado adquirido, ou seja, em seu aspecto estático, de ação definitivamente consumada, chamado perfectivo. Exemplo: *Ouvi* um ruído lá fora.

O grupo de línguas eslavas, entre as quais se situa o russo, é geralmente tomado como modelo dos sistemas aspectuais das línguas indo-europeias. Binnick (1991: 32), estudioso norte-americano, apresenta a seguinte definição de aspecto:

> O termo **aspecto** é uma tradução emprestada do russo *vid*, e *vid* é da mesma família dos termos do inglês *view* e *vision*, enquanto a raiz original de "aspecto" é *spect*, "ver", "olhar", do latim *spex*, que remontaria à raiz indo-europeia **spek*, "olhar", "observar"; daí, "espectador".

A referida procedência etimológica do termo parece justificar, portanto, a definição de aspecto como "qualidade que se dá ao tempo", ou seja, como propriedade que uma forma verbal adquire de desvendar uma ação, um estado, ou o que quer que o sentido de um verbo possa expressar.

O termo teria sido importado, no início do século XIX, da gramática do eslavo, e tornou-se parte da tradição gramatical do ocidente no final daquele mesmo século.

Outros autores que se dedicaram aos estudos comparados das línguas indo-europeias e, ainda, das chamadas línguas clássicas, reconheciam que é possível distinguir nas expressões verbais os "**graus do tempo**" (presente, passado e futuro) e as

> Observemos a **definição de aspecto**, formulada por Buck (1948: 240), em sua gramática, e por nós assim traduzida:
> O termo "aspecto", embora primeiramente aplicado ao sistema peculiar eslavo, é usado num sentido mais amplo. Ele é conveniente, em sua grande incerteza, para cobrir certas distinções não temporais díspares, que são difíceis de definir com precisão e diferem muito nas várias línguas.

"**qualidades do tempo**" (ação durativa, incipiente e completa).

Em nossa reflexão, discutiremos apenas duas dessas possibilidades, a da **ação durativa** e a da **ação completa**. A ideia que predomina, entre os estudiosos, é a de que, no curso da história das línguas indo-europeias, o **aspecto** foi perdendo a importância, na medida em que o tempo se estabelecia como categoria principal na expressão do verbo.

Lembremo-nos, entretanto, de que no latim o sistema verbal construiu-se sob dois grandes temas: o do *presente* e o do *perfeito*. A cada um foi atribuído um valor predominantemente temporal. O perfeito acumulou as funções do *aoristo* (tema verbal que desapareceu cedo no latim e que permaneceu, por exemplo, no grego) e as do próprio *perfeito*.

Assim, o sistema que, numa fase primitiva (a do indo-europeu), deveria ser tripartido – presente, aoristo e perfeito –, tornou-se, no latim, bipartido, criando-se uma nítida oposição de caráter temporal entre os dois temas: o do **presente**, denominado *infectum*, que passou a indicar a ação imperfeita, inacabada, e o do **perfeito**, chamado *perfectum*, indicador da ação consumida, acabada.

Essa é a principal inovação introduzida pelo latim em relação ao processo verbal primitivo do indo-europeu: a mudança da categoria de aspecto para a categoria de tempo, ou seja, a categoria de tempo acabou por suplantar a categoria de aspecto.

No entanto, os traços aspectuais não poderiam ser simplesmente apagados. Assim, os tempos do *infectum* revelam marcas do aspecto imperfectivo/durativo e os do *perfectum* têm em comum a indicação do processo acabado, ou seja, do aspecto perfectivo/resultativo. Essa divisão já existente no latim vulgar e, em consequência, no português, deixou de explicitar-se e deu lugar à organização das formas verbais em modos, tempos e vozes.

No Brasil, um dos estudiosos que tratou especificamente da questão do aspecto, inclusive sob o ponto de vista histórico, foi Ataliba T. de Castilho, na obra *Introdução ao estudo do aspecto verbal na língua portuguesa*, publicada em 1968. Em seu estudo, Castilho argumenta que o gramático latino Varrão (séc. I a.C.), na obra *De língua latina* (IX, 96), teria chegado a algo próximo das concepções mais recentes de aspecto. Lembra, por exemplo, que, para Varrão, o imperfeito do latim representa uma ação que é incompleta, enquanto o perfeito representa uma ação completa e que, nos séculos iii e ii a.c., na Grécia, os filósofos da linguagem já haviam chegado a essa mesma teoria em relação à língua grega.

O português, como sabemos, apresenta o sistema verbal organizado em três **modos verbais**. Denominam-se modos as diferentes maneiras que o verbo assume para indicar a atitude (de certeza, de dúvida, de suposição, de ordem, de pedido etc.) do sujeito que fala em relação ao que enuncia, conforme a descrição no quadro:

Indicativo	Modo pelo qual o falante imprime certeza ao que diz, quer em referência ao presente, quer em relação ao passado, ou ao futuro.
	Exemplo: Viajo; viajava; viajei; viajarei; viajaria.
Imperativo	Modo pelo qual o falante incita seu interlocutor a praticar ou a não praticar a ação expressa pelo verbo.
	Exemplo: Viaje sempre! Não viaje sozinho!
Subjuntivo	Modo pelo qual o falante exprime o fato como algo incerto, duvidoso ou irreal. É o modo da vontade, do desejo, da possibilidade, da hipótese, da dúvida.
	Exemplo: Talvez eu viaje; se viajasse...; quando viajar...

Contudo não podemos nos esquecer de que o verbo, por meio de formas simples ou compostas, denota, nos enunciados, o tempo dos eventos, a(s) pessoa(s) envolvida(s) no processo enunciativo, a voz (ativa, passiva e reflexiva) e também o aspecto.

Infelizmente, nas exposições gramaticais, as noções de aspecto raramente figuram de maneira clara. A distribuição das categorias expressas pelo verbo apresenta-se, em geral, da seguinte forma:

> **Modo** – indicativo, subjuntivo e imperativo.
> **Tempo** – presente, pretérito perfeito, imperfeito e mais-que-perfeito e futuro do presente e do pretérito.
> **Pessoa** – três do singular e três do plural.
> **Número** – singular e plural.
> **Voz** – ativa e passiva.

Bechara (2001), por exemplo, defende que no verbo há categorias que estão sempre ligadas: não se separa pessoa do número, nem tempo do modo, e isso também ocorre, em grande parte, senão totalmente, com o tempo e o aspecto.

Bechara admite, ainda, que o aspecto assinala a ação levada até o fim, isto é, como **conclusa (perfeita)** ou **inconclusa (imperfeita)**. Essas são, insisto aqui, as noções aspectuais básicas de que trataremos ao longo desta obra. Sabemos que, a partir dessas duas, sugerem-se algumas subdivisões da categoria, ou seja, certas "espécies de ação", como, por exemplo, as que se apresentam no seguinte quadro:

> • **Durativa:** Os homens *estão trabalhando* na sede da empresa há dois dias.
> • **Iterativa:** *Pisca sem parar,* quando está contente.
> • **Habitual:** *Costumam dormir* cedo.
> • **Inceptiva:** Ela *começava a estudar,* quando a amiga chegou.
> • **Iminencial:** Ele está *prestes a cometer* uma loucura.
> • **Terminativa:** *Acabo de ouvir* péssimas notícias.

Como curiosidade, observemos, na tirinha a seguir, alguns efeitos de sentido provocados pelo uso de certas formas verbais que denotam ações exemplificadas no quadro anterior.

Fonte: BROWNE, Dik. *O melhor de Hagar, o Horrível*. Porto Alegre: L&PM, 2008, v. 5, p. 30.

No primeiro quadrinho, na fala de Hagar, o uso do termo circunstancial de tempo *todos os anos*, juntamente com o emprego das formas verbais do presente dos verbos *comprar* e *devolver*, influi na produção do efeito de sentido de **habitualidade**.

No segundo quadrinho, na nova fala de Hagar, a construção com o gerúndio (*estou começando a achar*) denota o sentido chamado **inceptivo**, ou seja, de início da ação de *achar* e não de sua duração ou permanência.

A busca desses efeitos de sentido provocados pelo emprego das formas verbais é o que deve prevalecer, caso se tome essa tira para o estudo do verbo.

Em geral, os gramáticos apontam como formas verbais que carregam efetivamente as marcas de imperfectividade (ou de aspecto imperfectivo) as de gerúndio, particípio, pretérito perfeito composto e pretérito imperfeito – do indicativo e do subjuntivo. Reconhecem também que o gerúndio expressa imperfectividade em curso e voz ativa e que o particípio expressa imperfectividade e voz passiva.

Na tirinha a seguir, ficam bem evidentes as noções aspectuais, nas formas compostas de gerúndio, de particípio e de pretérito imperfeito.

Fonte: QUINO. *Toda Mafalda*. São Paulo: Martins Fontes, 1993, p. 93.

Na tirinha, revela-se, entre outras intenções, a de ironizar certa situação que tende a perpetuar-se no dia a dia (a reclamação das mães). A construção desse sentido de ironia se deve, em grande parte, no texto, à escolha das formas verbais, principalmente à forma simples de presente do indicativo do verbo *casar-se* (*a gente se casa*) e às formas compostas de gerúndio (*vivem dizendo, estiverem esperando* e *vou acabar me cansando*), todas marcadas pelo traço aspectual durativo/imperfectivo. O discurso das mães, transposto, literalmente, para a fala de Mafalda, é "presentificado" no texto, ou seja, a "voz" das mães é apresentada em seu desenvolvimento, em suas fases de duração, por meio da personagem do texto.

Contrasta com essa "presentificação" o sentido mais pontual, conclusivo, portanto perfectivo, da forma de particípio do verbo *registrar*, que compõe, no último quadrinho, a locução verbal *tivesse registrado*, combinada com a construção perifrástica, cujo sentido equivale à ideia de futuro do pretérito: *ia poder ganhar* (poderia ganhar).

Novos olhares

Os estudiosos costumam afirmar que a categoria do aspecto é mais concreta que a do tempo. Argumentam que se trata de uma categoria objetiva e que, por isso, se revela com maior clareza nas formas indicativas, em especial, no presente e no imperfeito.

Por exemplo, na obra já citada de Ataliba de Castilho (1968), o aspecto é apresentado como uma categoria verbal mais antiga, tanto por expressar uma ideia mais concreta e objetiva que a do tempo, quanto, e principalmente, por estar mais ligada, efetivamente, à noção de processo. Assim, o autor define o aspecto como "visão objetiva" da relação entre o processo (ou o estado, ou o fenômeno) expresso pelo verbo e a ideia de duração ou desenvolvimento. É o que se considera, portanto, como a "representação espacial" do processo.

Ainda sobre a tendência de considerar-se a categoria do aspecto mais objetiva e concreta que a do tempo, convém lembrar que há outros pontos de vista. Podemos mencionar, por exemplo, as ideias de Travaglia (2006), que se dedica, há algum tempo, à questão do aspecto verbal. Para ele, a apresentação de uma situação dentro de uma ou de outra noção aspectual não é necessariamente objetiva, pois depende de como o falante pretende referir-se à duração e/ou às fases da situação (ou, mesmo, não referir-se a elas) e não de como a situação é na realidade, embora isso possa influenciar.

Observemos como se revela essa intenção de exprimir a duração e as fases da situação nos dois textos reproduzidos a seguir, que compõem propagandas de uma cerveja, veiculadas em diversos jornais e revistas.

> HOJE SUA BOHEMIA OAKEN
> ESTÁ SENDO FILTRADA
> PARA FICAR MAIS ATRAENTE.
> (Faz sentido, seus olhos também vão saborear essa cerveja.)

No texto, a forma verbal composta de gerúndio (*está sendo filtrada*), precedida do elemento circunstancial de tempo "hoje", designa o aspecto da ação momentânea, em andamento (aspecto imperfectivo), e certamente foi utilizada na composição dessa frase de efeito, para que seja atingido o objetivo da propaganda: levar o leitor ao consumo do produto.

Observamos também, na propaganda, o tom de conversa, manifestado na frase apresentada entre parênteses, bem como o uso da expressão *faz sentido* e dos pronomes possessivos *sua* e *seus*, que inserem o leitor no texto, e, ainda, da linguagem figurada ("seus olhos *vão saborear* essa cerveja"). Todo esse conjunto contribui para a criação do efeito de algo em desenvolvimento real, no caso, a cerveja, em pleno processo de produção.

Na propaganda seguinte, as formas verbais, simples e compostas (*começa a fermentar, olha, vai fermentando, vai crescendo*), juntamente com o elemento circunstancial de tempo (*neste instante*), são responsáveis, em grande medida, pelo efeito de movimento, de duração do processo de fabricação da cerveja. Trata-se, evidentemente, como já ressaltamos, de uma estratégia de busca de convencimento e de adesão do interlocutor para levá-lo a consumir o produto.

> NESTE INSTANTE, SUA BOHEMIA OAKEN
> COMEÇA A FERMENTAR.
> (Olha que engraçado: sua cerveja vai fermentando
> e sua vontade de experimentar vai crescendo junto.)

O aspecto, conforme explica Travaglia, é uma categoria verbal ligada ao TEMPO (registrado assim, em maiúsculas) para referir-se à ideia geral e abstrata de tempo, sem consideração de sua indicação pelo verbo ou por qualquer outro elemento da frase.

Por tratar-se de um tempo que denota, antes de tudo, o "espaço temporal" ocupado pela situação em seu desenvolvimento e por indicar, enfim, o momento em que ocorre a situação, o tempo é considerado como uma categoria dêitica. Indica, em relação ao momento da fala, se a situação a que nos referimos é anterior (passado), simultânea (presente) ou posterior (futuro) a ele.

Já a categoria de aspecto não pode ser considerada dêitica, uma vez que se refere à situação em si, à duração ou, como se costuma considerar, à qualidade que se dá ao tempo, de acordo com o que mostraremos na segunda parte desta obra.

Por ora, fiquemos com a seguinte distinção que Comrie (1985) estabelece em relação às duas categorias:

O tempo é um TEMPO externo à situação e o aspecto é um TEMPO interno à situação.

De acordo com a tradição ocidental de conceber-se o tempo, as formas verbais, ao serem enunciadas, expressam, automaticamente, o passado, o presente ou o futuro. Em alguns casos, entretanto, são intemporais, quando se apresentam em forma de sentenças, como, por exemplo:

- Em terra de cego, quem tem um olho é rei.
- O crime não compensa.
- Ri melhor quem ri por último.

Frases como essas se situam no universo dos ditados e provérbios, considerados verdades universais, geralmente pronunciadas em ocasiões em que o falante quer carregar seu enunciado de efeitos de verdade, de valor moral, de argumentos de autoridade. Não situam obrigatoriamente o falante numa determinada situação e num tempo determinado.

A *intemporalidade* dessas verdades universais comprova que, nesses casos, extrapolamos o âmbito da categoria de tempo.

O emprego das formas de presente do indicativo (aspectuais, por natureza), na expressão dessas frases é, sem dúvida, decisivo para a produção do efeito de permanência e universalização dessas verdades. Desse modo, podemos compreender por que razão, em geral, se afirma que a categoria de tempo impõe limites mais rígidos ao falante do que a categoria de aspecto.

É interessante, ainda, notar que a não localização dessas verdades universais no tempo contribui para sua permanência, mesmo que o falante, com a intenção de criar o humor, sirva-se delas para criar novas "verdades", das quais são exemplos as seguintes frases de Millôr Fernandes:

- Em terra de cego, quem tem um olho não revela.
- Não é que o crime não compensa. É que, quando compensa, muda de nome.
- Ri melhor quem ri por último. Correndo, naturalmente, o risco de passar por débil mental.

Fonte: FERNANDES, Millôr. *Millôr definitivo*: a bíblia do caos. Porto Alegre: L&PM, 2002, pp. 86, 131 e 427.

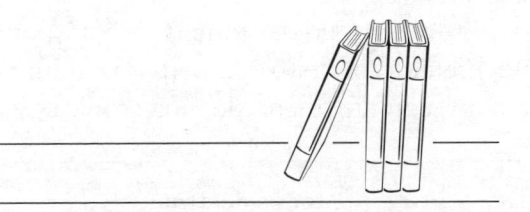

Verbo: tempo e aspecto na produção de sentido

Como já explicado, as categorias de tempo e de aspecto têm sido objeto de estudos que se desenvolvem em várias áreas interligadas, como a semântica, a pragmática, a retórica, a teoria da argumentação, entre outras.

Agora, pensemos particularmente nas formas verbais como construções marcadas linguisticamente para indicar o tempo dos acontecimentos (passado, presente ou futuro), a(s) pessoa(s) neles envolvida(s), o modo como acontecem e a voz, ou seja, se os sujeitos são agentes ou pacientes (objetos) em relação às ações expressas pelo verbo.

Como vemos, essas formas podem denotar as mais variadas intenções de quem as utiliza: tornar os fatos mais reais, prolongá-los no tempo, promover uma visão "espacial" dos acontecimentos, enfim, persuadir, convencer, influenciar a pessoa com quem se estabelece a interação.

Vamos observar o jogo das formas verbais (por nós grifadas) de presente, pretérito perfeito e imperfeito e futuro do pretérito, empregadas no seguinte trecho de uma crônica de Ivan Ângelo:

Modos de dizer

Curiosos *são* certos hábitos de linguagem. Usos que *surgem* sem a gente perceber ou pensar neles, maneiras de dizer. Psicologia da língua.

Ocorreu-me isso quando *estava jogando* bola com meu neto no parque e o pipoqueiro *perguntou*:

– O senhor já *tem* uns sessentinha, não?

Sessentinha. Delicado, isso. O diminutivo *significaria* que eu *parecia estar* no começo dos meus sessenta? Se *fosse* o caso, um sessentão *seria* aquele que já *vai* lá mais adiante? Ou o diminutivo *poderia significar*, lisonjeiramente, que eu *parecia* ágil para os 60? (Estando, na realidade, bem adiante.) Sutil a língua brasileira com relação à idade das pessoas. Ninguém *diz* que você *é* um vintão, um trintão. Mas logo *ganha* um "ão" quando *chega* aos 40, e a partir daí é quarentão, cinquentão, sessentão, setentão. Aos 80, você *se torna* vítima de uma bem-intencionada deferência, *ganha* o rótulo de octogenário, horroroso. Não se *diz* oitentão. Nem noventão (nonagenário) nem centão (centenário). Já *virou* sobrevivente.

Fonte: ÂNGELO, Ivan. Modos de dizer. *Veja São Paulo*, 14 fev. 2007, p. 142.

Nesse trecho, as formas de presente do indicativo tornam bem reais e permanentes as ideias que o sujeito/narrador quer expressar. Examinemos alguns desses usos:

> Curiosos *são* certos hábitos de linguagem. Usos que *surgem* sem a gente perceber ou pensar neles... Ninguém *diz* que você *é* um vintão, um trintão... Aos 80, você *se torna* vítima de uma bem-intencionada deferência, *ganha* o rótulo de octogenário, horroroso.

As ideias expressas por essas formas de presente expandem-se, duram, perpetuam-se; não há uma indicação precisa de sua ocorrência num determinado momento. Ocorrem, em geral, sempre. Trata-se da chamada "visão espacial" do tempo, que é a marca do aspecto imperfectivo.

Especialmente no segundo parágrafo do texto

> *Ocorreu*-me isso quando *estava jogando* bola com meu neto no parque e o pipoqueiro *perguntou:*

são usadas duas formas de pretérito perfeito que introduzem fatos bem definidos temporalmente. Vejamos:

> *Ocorreu*-me isso...
> ... o pipoqueiro *perguntou*...

Essas formas verbais são marcadas pelo **aspecto perfectivo**, pois indicam ações acabadas, concluídas, situadas num certo momento do passado.

Ainda nesse mesmo parágrafo, comparemos essas ideias de passado com a que se expressa por meio da locução verbal grifada:

> ... quando *estava jogando* bola com meu neto no parque...

A ação de jogar prolonga-se no passado, por meio do uso do gerúndio, "auxiliado" pela forma de. pretérito imperfeito do verbo *estar*. A ação de jogar não é situada temporalmente; é durativa, "espalha-se" no tempo. Trata-se, portanto, do aspecto imperfectivo.

Os usos do futuro do pretérito combinados com os do imperfeito (do indicativo e do subjuntivo) também provocam no texto efeitos especiais de sentido. Observemos o seguinte trecho:

> O diminutivo *significaria* que eu *parecia* estar no começo dos meus sessenta? Se *fosse* o caso, um sessentão *seria* aquele que já vai lá mais adiante? Ou o diminutivo *poderia significar*, lisonjeiramente, que eu *parecia* ágil para os 60?

As perguntas envolvem necessariamente o leitor na interpretação que o sujeito/enunciador procura dar à fala do pipoqueiro (– *O senhor já tem uns sessentinha, não?*). As hipóteses levantadas por meio das formas de futuro do pretérito (*significaria, seria, poderia significar*) e também de imperfeito (*parecia, fosse*) contribuem para denunciar o grau de perturbação que aquela pergunta causou ao sujeito que se expressa. Esse estado se prolonga num hipotético passado.

Essa intenção de persuadir o leitor, de buscar parceria, adesão, convencimento, muito mais do que expressar certeza, é o que se entende como ato de argumentar. Koch (2002), ao tratar dos tempos verbais no discurso, considera-os, sobretudo, **marcas linguísticas da argumentação**.

Aliás, argumentar, como explica a autora, é a função básica da linguagem e, por essa razão, tudo o que abrange o fenômeno da linguagem insere-se no âmbito da **retórica**.

O ato de argumentar relaciona-se diretamente com a noção de sujeito

> Define-se **retórica** como a ciência que se relaciona ao poder de convencer, de influenciar, de impor formulações e representações por meio do discurso, com vistas a orientar uma ação.

do discurso (a **subjetividade**), com a noção de tempo (**temporalidade**) e com a noção de aspecto (**aspectualidade**), que devem ser analisadas necessariamente como processos de formação de sentido. É isso que procuraremos mostrar aqui.

A maneira pela qual expressamos nosso pensamento revela nossas intenções de persuadir, de modificar a realidade, de emitir certezas ou suscitar dúvidas, enfim, de agir de algum modo sobre nossos interlocutores. As formas verbais que selecionamos ao expressar-nos certamente contribuem para que essas modalidades de significação se concretizem.

Vale lembrar, por exemplo, que Perelman e Olbrechts-Tyteca (2005), ao tratarem das teorias da argumentação, reconhecem que o emprego dos tempos verbais permite agir sobre o auditório e ponderam que cada grupo de línguas oferece, a esse respeito, possibilidades de minuciosos estudos.

Essas ideias reforçam um dos objetivos básicos deste livro, que é o de chamar a atenção para o papel argumentativo desempenhado por certas formas de expressão, em especial as que envolvem as noções de tempo e de aspecto, na construção do sentido dos enunciados.

Insistimos aqui em mostrar que os aspectos são processos lógicos modais por excelência e que o chamado **fenômeno da aspectualidade** está, sem dúvida, ligado a tudo o que envolve o sujeito/enunciador na prática da linguagem. Sobre a importância do aspecto verbal, Maingueneau (2001: 42) afirma: "o *aspecto* constitui uma informação sobre a maneira pela qual o sujeito enunciador encara o desenrolar de um processo, seu modo de manifestação no *tempo*" (grifos nossos).

Já é bem conhecida a noção de **sujeito do discurso** como ser que ocupa um lugar social e que, a partir desse espaço, enuncia sempre inserido no processo histórico que lhe permite determinadas inserções e não outras.

A noção de subjetividade, de acordo com Benveniste (1976: 286), refere-se à capacidade do locutor de posicionar-se como "sujeito". Essa concepção de sujeito do discurso leva a considerar tanto as relações que o sujeito (falante/locutor/enunciador) mantém com o contexto situacional de comunicação em que se encontra, quanto os chamados **procedimentos de discursivização**, ou seja, os saberes, as opiniões e as crenças que esse sujeito possui e que supõe compartilhados por seu interlocutor.

Por essa razão, alguns estudiosos afirmam que os processos ou procedimentos discursivos devem ser considerados sempre de acordo com o modo como são concebidos pelo falante e não necessariamente como se dão, na realidade.

Sendo assim, a produção do enunciado parece mais adequadamente analisada a partir de um enfoque ligado ao maior ou menor grau de expressividade que o falante deseja atribuir ao que enuncia.

Nesse sentido, observemos o jogo das formas verbais do perfeito e do presente do verbo *morrer*, ressaltadas em negrito, e os efeitos expressivos que provocam numa manchete de jornal, publicada por ocasião da morte de um famoso político:

Morreu ontem um desses homens que não *morrem.*

Os tempos verbais destacados reforçam o paradoxo que se manifesta entre os sentidos de "morrer" e "não morrer" e realçam a combinação de ideias contrárias, no âmbito de um acontecimento real. Trata-se, na verdade, de escolhas do sujeito/falante/enunciador de fazer de seu interlocutor um coespectador do processo expresso pelo verbo. Há, nesse caso, uma visão muito mais espacial/aspectual do que temporal do processo verbal.

O aspecto e as expressões do tempo

Nos estudos realizados por Weinrich (1974) sobre os tempos verbais do francês, conforme apontado em Koch (2002), as situações comunicativas repartem-se claramente em **mundo comentado** e **mundo narrado**, e, em cada um desses mundos, predomina um dos grupos temporais:

i) **Grupo I** – Indicativo: presente (canto), pret. perf. composto (tenho cantado); fut. do pres. (cantarei); fut. do pres. composto (terei cantado), além das locuções verbais formadas com esses tempos (estou cantando, vou cantar etc.);

ii) **Grupo II** – Indicativo: pret. perf. simples (cantei); pret. imperf. (cantava); pretérito mais-que-perfeito (cantara); futuro do pretérito (cantaria), e locuções verbais formadas com tais tempos (estava cantando, ia cantar etc.).

Nos mais variados tipos de relato no chamado mundo narrado, o locutor assume o papel de narrador e convida seu interlocutor a converter-se em ouvinte. Nada existe, porém, que obrigue o locutor a relacionar o relato com o tempo passado, uma vez que o mundo narrado é indiferente ao **Tempo cronológico**, podendo estar ligado ao passado, por meio, por exemplo, de uma data, ou então, ao presente ou ao futuro, por meio de outros dados.

> **Tempo cronológico** está grafado em maiúscula para diferenciar-se do tempo verbal.

Por sua vez, ao mundo comentado pertencem os textos que não consistem em relatos (a poesia, o drama, o ensaio, o comentário etc.), em que o locutor/falante se compromete muito mais e exige do ouvinte/interlocutor uma participação mais efetiva na construção do sentido do texto.

Weinrich (1974) ressalta que algumas das principais formas verbais não exprimem Tempo, mas sim caracterizam a situação comunicativa como relato ou como comentário.

As ideias do autor são importantes para a nossa reflexão neste livro, pois revelam as possíveis definições dos papéis que se podem atribuir às formas verbais nas mais variadas situações de uso da língua. Essa preocupação se estende, também, às várias possibilidades de utilização de formas de presente para indicar ações passadas ou futuras, ou seja, quando ocorre o emprego de tempos do mundo comentado para significar ações do mundo narrado.

A necessidade de o falante procurar retratar (no sentido de representar algo, de descrever com exatidão) o que quer que seu interlocutor interprete ou assimile é sinal de que pretende provocar o ouvinte/leitor, ou seja, de que pretende que esse interlocutor interfira na construção do sentido daquilo que ele, sujeito do discurso, diz. Nesse sentido, essa opção por uma forma aspectual revela-se como um modo de manifestação da subjetividade no discurso produzido.

O aspecto depende, portanto, de como o falante concebe a situação e de como quer expressá-la. Aliás, muitos gramáticos e estudiosos das línguas já apontaram uma espécie de representação "visual" ou "espacial" da ação, proporcionada pelo aspecto.

Como sugerido nos estudos de Weinrich (1974), a linguagem põe à disposição do mundo narrado ou de relato mais tempos, porque é mais difícil nos situarmos nesse mundo narrado do que no mundo comentado, em que nos movemos com toda a confiança.

Nesse sentido, é só lembrarmos o papel que assumem no discurso os inúmeros elementos circunstanciais (de tempo, modo, dúvida, lugar etc.) que se ajustam às formas verbais e nominais para a construção mais adequada do sentido.

Na maioria dos casos, reconhecemos sem esforço se o tema do discurso se identifica com a situação em que se encontram o falante e o ouvinte, já que podemos contar com toda a classe de gestos e de elementos dêiticos da linguagem. Desse modo, o discurso comentador passa a ocupar sempre o primeiro plano.

Embora alguns estudiosos tenham insistido na ideia de que, no curso do desenvolvimento das chamadas línguas indo-europeias, a categoria do aspecto perdeu a importância, na mesma proporção em que a do tempo ganhou, o que verificamos é que a categoria aspectual é tão presente quanto à do tempo, nas diversas maneiras de expressar ações, estados, fenômenos naturais.

É, aliás, evidente a tendência, na língua portuguesa, de as situações apresentarem-se mais como durativas do que como pontuais. Eventos que deveriam ser expressos como pontuais são, muitas vezes, marcados pelo aspecto imperfectivo.

Observemos as formas verbais no seguinte trecho da crônica "Enxurrada de amor", de Ruy Castro, em que se evidencia o que estamos chamando de noção "espacial" do tempo:

> Ontem, de manhã. Zico *chega* ao Maracanã para uma entrevista de TV. *Vem dirigindo* o próprio carro. Ele mesmo o *estaciona, sai* e *acena* para a equipe e para o outro convidado. *É reconhecido* e *interceptado* por um grupo de alemães para fotos com todos e com cada um. Depois *autografa* bolas, camisas, papeluchos.

Fonte: CASTRO, Ruy. Enxurrada de amor. *Folha de S. Paulo*, 31 maio 2008. Caderno Opinião, p. A2.

No texto, as formas nominais de gerúndio e de particípio (*dirigindo, reconhecido* e *interceptado*) não informam se os processos de dirigir, reconhecer e interceptar, bem como se os estados resultantes desses processos ocorrem no momento da fala, se ocorreram no momento anterior, ou se ocorrerão em momento posterior.

Para especificar tais referências, o falante/enunciatário utilizou essas formas em perífrases com outros verbos, que carregam as marcas de tempo, de número e de pessoa: os verbos *vir* (*vem* dirigindo) e *ser* (*é* reconhecido e [é] interceptado).

Certamente não haveria os mesmos efeitos de sentido, nem uma efetiva "provocação" a que o leitor se tornasse coespectador/coenunciador, se o trecho de Ruy Castro fosse expresso por meio de formas verbais de passado simples.

A título de exemplificação, vamos comparar o texto original com outra versão elaborada com alteração dos tempos verbais:

Texto original	Texto com alteração
Ontem, de manhã. Zico *chega* ao Maracanã para uma entrevista de TV. *Vem dirigindo* o próprio carro. Ele mesmo o *estaciona, sai* e *acena* para a equipe e para o outro convidado. *É reconhecido* e *interceptado* por um grupo de alemães para fotos com todos e com cada um. Depois *autografa* bolas, camisas, papeluchos.	Ontem, de manhã, Zico *chegou* ao Maracanã para uma entrevista de TV. *Dirigiu* o próprio carro. Ele mesmo o *estacionou, saiu* e *acenou* para a equipe e para o outro convidado. Um grupo de alemães em visita ao estádio o *reconheceu* e o *interceptou*. Zico *sorriu* para fotos com todos e com cada um. Depois, *autografou* bolas, camisas, papeluchos.

Como podemos verificar, as formas verbais da versão alterada representam intervalos pontuais e justapostos de tempo, marcados pelo traço aspectual perfectivo e não "em aberto", espacialmente, como se revelaram nas formas de presente do texto original.

O presente do indicativo, afinal, quando denota uma ação do passado (ou quando passa a descrever fatos passados), ganha um novo valor expressivo – quem fala/escreve parece pretender abolir a distância entre os leitores e os fatos narrados; "presentifica-os" diante do interlocutor, possibilitando, assim, uma melhor compreensão desses fatos.

A substituição do pretérito, que é o "tempo do mundo narrado", pelo presente, "tempo do mundo comentado", promove, sem dúvida, um marcante efeito de "presença", ou seja, de construção de sentido compartilhada pelos interlocutores, de modo simultâneo, intemporal.

Ainda focalizando a compreensão do sentido expresso pelas formas verbais, é interessante examinar os dois enunciados a seguir, em que o presente do indicativo remete, respectivamente, a fatos presentes e futuros:

> • Marisa *faz* anos *hoje.*
> • Jorge *faz* anos *no mês que vem.*

Os enunciados se constroem com o verbo no presente do indicativo, porém a referência temporal, o "tempo semântico", como o denomina Perini (2002), é diferente em cada uma.

Em "Marisa faz anos hoje", há uma correspondência natural entre a forma verbal *faz* e o elemento circunstancial de tempo *hoje.*

Já em "Jorge faz anos no mês que vem", a forma verbal *faz*, a rigor, não mantém correspondência com a expressão circunstancial de tempo *no mês que vem.*

Evidencia-se, nesse caso, a ideia de futuro, porém, é clara a intenção do falante de situar o fato como uma realidade, muito mais do que como uma prospecção ou um prognóstico, como ocorre nas formas de futuro.

Observemos ainda outro exemplo:

> Era 1922. Artistas e escritores se *reúnem* e *dão* início a um movimento que *marca* definitivamente a literatura e a arte brasileiras.

Nesse caso, o uso do presente histórico, ou "presente aorístico", nas palavras de Maingueneau (2001), não diz respeito à mera substituição do passado simples pelo presente, uma vez que ocorre uma compensação local, para fins estilísticos bem determinados. Desse modo, não ocorre a correspondência entre os recursos expressivos (verbos no presente e termos circunstanciais) e os conteúdos expressos; revela-se, sim, a escolha subjetiva e obrigatória do Tempo, embora essa escolha seja marcada secundariamente por um fator "estilístico".

Como já destacado em alguns exemplos, o uso das formas de presente nem sempre designa ocorrências do "aqui"/"agora"; designam, muitas vezes, um hábito, ou, ainda, ações passadas ou futuras. Com os outros tempos, as possibilidades são muito mais restritas, por exemplo, o futuro do presente do indicativo só pode ser usado para expressar fatos ainda a ocorrer e o pretérito perfeito nunca pode exprimir fatos presentes.

Essa flexibilidade de sentido das formas de presente leva a concluir que esse tempo verbal não se articula com o Tempo (cronológico). O presente constitui, justamente, o tempo principal do mundo comentado, designando uma atitude comunicativa de engajamento, de compromisso.

A utilização de tempos verbais com funções diferentes da habitual revela a diversidade das dimensões temporais dos verbos, ou seja, não é apenas por meio das flexões que o verbo contribui para o conteúdo informativo do enunciado. Aliás, nem sempre ocorre a correspondência entre as flexões e o sentido, conforme procuramos aqui demonstrar.

Além disso, muitas vezes, as mesmas informações que se obtêm das flexões podem ser transmitidas por meio de perífrases ou locuções verbais ou, ainda, pelo acréscimo de elementos circunstanciais.

Ainda sobre a questão da equivalência entre situações e tempos verbais, podemos afirmar que, no fundo, o contexto e a situação operam conjuntamente para determinar a significação das palavras de acordo com a intenção do falante, fixando, assim, o sentido do discurso.

Na maioria dos casos, reconhecemos sem esforço se o tema do discurso se identifica com a situação em que o falante e o ouvinte se encontram, já que podemos contar com toda a classe de gestos e de elementos dêiticos da linguagem.

Trata-se de um *princípio da semântica*. Quanto menor a determinação da situação, tanto maior terá de ser a determinação do contexto e vice-versa. Como lembra Weinrich (1974), os tempos verbais também estão submetidos a essa lei semântica. Assim, por exemplo, o imperfeito foi ganhando terreno na época do realismo, justamente quando o pano de fundo da narrativa apresentava maior importância que o próprio desenvolvimento da trama.

Subjetividade, temporalidade e aspectualidade nas interações sociais

Como já destacado no desenvolvimento desta parte da obra, o uso de certas formas verbais no lugar de outras tende a revelar uma preocupação com o conteúdo, com as situações e com a necessidade de descrevê-las, mais do que de narrá-las. Isso porque, situado em determinado momento e em certo espaço, esse sujeito da enunciação mostra-se mais envolvido com a totalidade do enunciado e procura organizar e distribuir os fatos que quer narrar.

O caso do "gerundismo"

É interessante lembrar que muitas vezes ocorre uma utilização inadequada ou até viciosa de certos tempos ou formas verbais. Um caso ainda recente é o das construções com o verbo *ir*, no presente, acompanhado do infinitivo do verbo *estar* e de uma forma de gerúndio, dando origem ao que já se convencionou chamar de "gerundismo".

Trata-se de um uso vicioso do gerúndio, que pode ser exemplificado com as seguintes frases:

- *Vou estar marcando* sua consulta para quinta-feira.
- O doutor *vai estar retornando* sua ligação amanhã.
- *Vamos estar dando* uma resposta até sábado.

Nas frases, se interpretarmos rigorosamente os sentidos expressos pelos verbos *marcar, retornar* e *dar uma resposta,* concluiremos que:

i) essas ações terão início em determinado momento e continuarão ocorrendo até o limite de tempo expresso pelos termos circunstanciais *quinta-feira, amanhã* e *até sábado;*

ii) sem dúvida, quem se expressa desse modo quer dizer, respectivamente, que marcará a consulta para quinta-feira, que o doutor ligará no dia seguinte e que a resposta será dada até sábado. Também aquele que ouve essas frases com certeza não as interpretará de outro modo.

Aliás, o "gerundismo" tem sido considerado como um fenômeno que surgiu na esfera de comunicação do telemarketing. A propósito, vejamos o título e o trecho que dão início a uma reportagem de André Petry:

> ACUSANDO,
> CULPANDO
> E ERRANDO
> O gerúndio tem sido discriminado e denunciado pelo hábito nacional de enrolar. O que há de verdade nisso?

Fonte: PETRY, André. Acusando, culpando e errando. *Veja*, 31 out. 2007. Disponível em: <http://veja.abril.com.br/311007/p_104.shtml >. Acesso em: 12 set. 2011.

Na reportagem, o autor se refere à decisão tomada pelo governador do Distrito Federal, José Roberto Arruda, de "demitir" o gerúndio. Eis um trecho:

Motivo: ineficiência. Era o gerúndio oficialmente acusado de leniente e enrolador. A demissão do gerúndio saiu em decreto publicado no Diário Oficial.

O assunto foi mote também para o seguinte texto, publicado num site:

A demissão do gerúndio. Carta do próprio gerúndio

Querido Editor do UOL Tabloide:

Estou escrevendo para estar demonstrando a minha indignação com a minha demissão do Distrito Federal. Vou estar continuando meu trabalho em prol da comunicação da língua portuguesa e dos alunos que estão tendo que escrever uma redação de 1.600 palavras e vão estar sem ideias para tanto texto e precisando de ajuda para estar concluindo a redação, mas acabei perdendo este emprego.

Fui demitido, amigo Editor, por decreto. Segundo meu ex-patrão, eu estaria significando a falta de conclusão dos trabalhos. Ou seja, os assessores de meu ex-patrão estariam sempre "fazendo, providenciando, estudando, preparando, encaminhando", mas nunca concluindo. Aí, em vez de estar demitindo os assessores, o demitido fui eu.

Querido Editor do UOL Tabloide: estou tendo a impressão errada ou a lógica do meu ex-patrão não está sendo lá lógica?

Sempre seu.

Gerúndio.

Fonte: Disponível em: <http://editordouoltabloide.blog.uol.com.br/index.html>. Acesso em: 5 out. 2007.

Voltando à reportagem de André Petry, este desmente a versão popular de que o gerundismo surgiu entre operadores de telemarketing, que dizem "Vou estar transferindo sua ligação", em vez de simplesmente dizer "Vou transferir sua ligação". Para ele, apesar de nos manuais de telemarketing constarem traduções rudimentares de frases do inglês, como "*I will be sending...*" para "Eu vou estar mandando...", não foram os operadores de telemarketing que criaram essa forma de expressão e nem ela veio do inglês mal traduzido.

Para explicar, então, de onde surgem tais formas, o autor apela para um depoimento de José Luiz Fiorin, que transcrevemos a seguir:

> Quando uma forma linguística atende a uma necessidade de comunicação, ela se difunde. Eis o caso do gerundismo. Os operadores de telemarketing descobriram que era útil. Porque soa como uma forma polida de falar, tal como o futuro do pretérito é usado por quem quer ser gentil, e dá uma ideia de descompromisso e desobrigação: "vou estar enviando" não é tão afirmativo quanto "vou enviar".

O jornalista apresenta, ainda, a opinião de Ana Paula Scher sobre o uso dessas formas: "É uma estratégia adotada por quem não tem o poder de decisão".

Para Petry, a afirmação de Scher explica por que razão o gerundismo é "tão irritante", a ponto de acharmos que estamos sendo "embromados" quando o ouvimos e também justifica por que essa forma de expressão é tão usada por aqueles que não têm a palavra final, como é o caso dos operadores de telemarketing.

Toda essa explanação acerca do gerundismo referenda nossa ideia de que os usos das formas verbais e suas respectivas marcas de subjetividade, de temporalidade e de aspectualidade são verdadeiras operações de produção de sentido, que envolvem sujeitos situados nas mais variadas circunstâncias de interação social.

Ainda como curiosidade, apresentamos um trecho de uma crônica de Ricardo Freire, que também revela a intenção de criticar o "vício" do gerúndio. O trecho, com as formas verbais por nós grifadas, representa bem a sensação de "embromação", mencionada por Petry em sua reportagem. Vejamos:

Para você estar passando adiante

Este artigo foi feito especialmente para que você *possa estar recortando* e *possa estar deixando* discretamente sobre a mesa de alguém que não consiga *estar falando* sem *estar espalhando* essa praga terrível da comunicação moderna, o futuro do gerúndio. Você *pode também estar passando* por fax, *estar mandando* pelo correio ou *estar enviando* pela Internet. O importante é *estar garantindo* que a pessoa em questão vá *estar recebendo* esta mensagem, de modo que ela *possa estar lendo* e, quem sabe, consiga até mesmo *estar se dando* conta da maneira como tudo o que ela *costuma estar falando deve estar soando* nos ouvidos de quem precisa *estar escutando*.

Sinta-se livre para *estar fazendo* tantas cópias quantas você vá *estar achando* necessárias, de modo a *estar atingindo* o maior número de pessoas infectadas por essa epidemia de transmissão oral.

Mais do que *estar repreendendo* ou *estar caçoando*, o objetivo deste movimento é *estar fazendo* com que *esteja caindo* a ficha nas pessoas que costumam *estar falando* desse jeito sem *estar percebendo*.

Nós temos que *estar nos unindo* para *estar mostrando* a nossos interlocutores que, sim!, *pode estar existindo* uma maneira de *estar aprendendo* a *estar parando de estar falando* desse jeito.

Fonte: SANTOS, Joaquim Ferreira dos (org.). *As cem melhores crônicas brasileiras*. Rio de Janeiro: Objetiva, 2007, p. 329.

As "metáforas" temporais

Também são curiosos os usos do futuro do pretérito, do pretérito perfeito do indicativo e do imperfeito do subjuntivo, como indicadores de cortesia, na interação face a face. Observemos a seguinte transcrição de um texto oral:

> Documentador: muito bem... acho que nós... já tivemos ótimas... apresentações sobre parte do... rádio... televisão... nós queríamos modificar um pouquinho agora... a área falando um pouco sobre comunicação e difusão... então nós gostaríamos que o professor C. falasse sobre o problema do correio... (NURC/SP – D2 255: 763-769).

Fonte: KOCH, I. G. V.; BENTES, A. C. Aspectos da cortesia na interação face a face. In: PRETI, D. (org.). *Cortesia verbal.* São Paulo: Humanitas, 2008, p. 36.

No exemplo, Koch e Bentes (2008) explicam que o uso do futuro do pretérito (*queríamos, gostaríamos*), dentre outros recursos, consiste numa forma de cortesia, já que funcionam como modos de atenuação de atos de poder no curso da interação verbal, quais sejam, o da promoção da mudança de tópico ou o da troca de turno entre os interlocutores.

A presença desses recursos na fala do documentador consiste num modo de representação positiva desse *eu*, considerando que traços de positividade (*bem-educado, polido, cortês*) são atribuídos tanto a esses recursos, como aos sujeitos que deles se utilizam. Assim, as autoras concluem que o uso do futuro do pretérito (condicional) em situação comentadora, exprime um matiz de validez limitada, trazendo ao contexto comentador o que é peculiar ao mundo narrado, como relaxamento, ou falta de compromisso.

A validez do discurso fica, assim, limitada pela introdução de matizes que podem exprimir cortesia, timidez, hipótese, incerteza, irrealidade etc. Trata-se do que Weinrich (1974) denomina **metáfora temporal**, ou seja, de uma "inobservância da concordância dos tempos", uma introdução de um ou mais tempos do mundo narrado no mundo comentado, ou vice-versa.

Suponhamos que se encontre, por exemplo, a seguinte frase de efeito numa matéria jornalística:

> O ministro *estaria* preparando um comunicado à imprensa.

O enunciado expressa um fato não confirmado. Por meio da forma verbal de futuro de pretérito, sabe-se que a ação do ministro é uma hipótese plausível e que o falante não se compromete nem se responsabiliza pela exatidão da notícia; não toma partido para não incorrer em prejulgamento.

Por meio desses exemplos de usos das formas verbais, percebemos que, para a análise do tempo e do aspecto, devemos adotar uma perspectiva semântico-discursiva.

Por essa razão, insistimos na ideia de que o exame das categorias de tempo e de aspecto deve ser inserido no estudo da semântica do verbo e da função desse elemento linguístico no discurso, dado o papel do verbo como elemento fundamental na constituição do discurso e como responsável pela coerência do texto.

De acordo com o que tenho procurado aqui demonstrar, muitas construções utilizadas para expressar o tempo podem também exprimir outros conteúdos, sobretudo de modo e de aspecto. Por exemplo, na letra da conhecida canção "João e Maria", de Chico Buarque (música de Sivuca), em que há a simulação de uma conversa entre duas crianças. Observemos as formas verbais por nós grifadas num dos trechos da canção:

> Agora eu *era* o herói
> E meu cavalo só *falava*
> *Era* você além das outras três
> Eu *enfrentava* os batalhões
> Os alemães e seus canhões
> *Guardava* o meu bodoque
> E *ensaiava* o rock para as matinês

> Agora eu *era* o rei
> *Era* o bedel e *era* também juiz
> E pela minha lei
> A gente *era* obrigado a ser feliz...

Na letra da música, o imperfeito do indicativo não é utilizado simplesmente para remeter ao passado – o passado narrativo, como se costuma denominar esse tempo. É usado com o termo circunstancial *agora*, que também adquire um sentido especial para expressar o mundo do faz de conta, uma história sem compromisso com a verdade.

Em outras situações, esse mesmo imperfeito manifesta um uso que parece defensivo para o caso de afirmar-se algo que não é verdadeiro ou que pode estar longe da expectativa do outro, como ocorre nos exemplos seguintes:

- – Eu *queria* falar com você. Disseram-me que você *fazia* excelentes doces.
- – Que tal a faculdade? É boa?
- – Bem, quando estudei lá, *era* excelente. Os professores *eram* bons, as salas *eram* bem aparelhadas, a biblioteca *era* bastante rica.

Nesses exemplos identificamos o que Mattoso Câmara Júnior (1975: 90) considera como emprego "metafórico" do pretérito imperfeito, para indicar modalmente a irrealidade.

Há, portanto, um típico uso modal, como também ocorre no uso do futuro para indicar conjectura (ou fato que não se pretende verificado), muito comum em manchetes jornalísticas, como, por exemplo:

> Neste momento, as tropas americanas *estarão* atacando Bagdá.

Outro bom exemplo de diferenças aspectuais com que costumamos esbarrar na análise de um tempo verbal como o pretérito perfeito encontra-se em Ilari (1997: 9-10):

> • Finalmente, um pouco antes das quatro da manhã, a criança *dormiu* (= adormeceu), e os pais puderam descansar um pouco.
> • A criança *dormiu* (= esteve dormindo) das quatro da manhã até à tarde do dia seguinte.

Esses casos comprovam que o pretérito perfeito não expressa unicamente o aspecto perfectivo, considerado, em geral, como indicador de ação ou de qualidade manifestadas num certo ponto do período de tempo a que nos referimos na enunciação.

As frases extraídas do estudo de Ilari situam-se no "mundo narrado", ou seja, no mundo do passado, que se opõe, de acordo com a teoria de Weinrich (1974), ao "mundo comentado", o mundo da situação, isto é, do presente.

No mundo narrado, como compensação dos meios auxiliares extralinguísticos que faltam para determinar a situação, utilizamos o maior número possível de meios expressivos linguísticos para tornar o discurso fiel ao que pretendemos expressar.

Assim, nos exemplos anteriores, evidencia-se o papel determinante, para a compreensão do processo que envolve a ação de dormir, dos termos circunstanciais temporais: no primeiro caso, *um pouco antes das quatro da manhã*, e, no segundo, *das quatro da manhã até à tarde do dia seguinte*.

Para Travaglia (2006: 97), que, em nota, indica Comrie e Castilho como adeptos dessa concepção, o perfectivo, por apresentar a situação como completa, parece ser mais relacionado com a pontualidade. Esclarece o autor que, em certos casos, porém, as formas perfectivas antes fazem abstração da duração do que apresentam a situação como pontual.

É o que percebemos, principalmente, no segundo uso do verbo *dormir* do exemplo citado: *A criança dormiu* (= esteve dormindo) *das quatro da manhã até à tarde do dia seguinte.*

Por essa razão concordamos com Comrie (1985: 3), para quem "os aspectos são as diferentes maneiras de considerar a constituição interna de uma situação".

Expandindo essa definição, o autor explica que uma forma verbal marcada pelo aspecto perfectivo indica a visão da situação como um todo único, que tem um fim, sem distinção das várias fases separadas que compõem a situação. Já uma forma imperfectiva indica uma situação em progresso e volta-se mais para a estrutura interna da situação.

Ainda sobre a categoria do aspecto verbal, vale a pena mencionar o trabalho de Costa (1990). A autora constatou a grande incidência de marcas de distinções aspectuais, sobretudo como recurso expressivo, para tornar o enunciado mais preciso, mais colorido, mais verdadeiro. Para chegar a esse resultado, a pesquisadora analisou 24 horas de gravações de diálogos informais e observou a fala informal cotidiana durante quase dois anos.

Tomemos de Costa (1990: 36) um exemplo que evidencia as possibilidades expressivas do jogo aspectual em português: a oposição *forma perfectiva* x *forma imperfectiva.* Trata-se de um diálogo verídico entre duas professoras de língua portuguesa da Universidade Federal da Bahia, que conversavam sobre a organização de um evento na escola:

A – Conseguiu?
B – Estou conseguindo ainda.
A – Espero que você termine de conseguir.

De acordo com a interpretação da autora, manifesta-se, nesse exemplo, uma "imperfectivização" como recurso expressivo, ou seja, o falante A usou, para fazer a pergunta, um verbo na forma neutra aspectual (*Conseguiu?*), ou seja, um verbo flexionado numa forma que não revela uma preocupação em marcar efetivamente uma constituição temporal interna. Por sua vez, o falante B optou por explicitar que o fato expresso por "conseguir" deve, na verdade, ser visto como um processo, algo que poderá ser conquistado passo a passo. O sentido de "conseguir" espacializa-se, estende-se no tempo.

Utilizando a locução composta do presente do indicativo do verbo "estar" e do gerúndio do verbo "conseguir", conforme interpreta a autora, o falante imperfectivizou esse fato, deixando, desse modo, evidente que, naquele momento, havia um processo em curso. Em sua fala seguinte, o falante A revela que assumiu a interpretação do falante B, centrando-se na constituição interna de "conseguir" e expressando seu desejo de ver o processo atingir um fim. Assim, também estendeu o processo, prolongando-o, como o falante B havia feito.

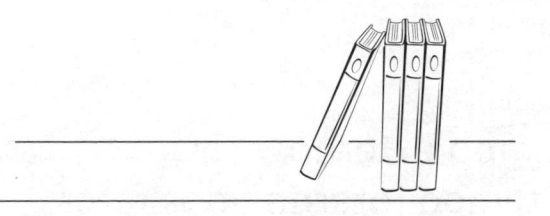

Verbo: aspecto e organização temporal dos enunciados

Tempo e aspecto, como já procuramos mostrar, são categorias temporais, uma vez que ambas têm por base referencial o tempo real. Não são, portanto, categorias excludentes.

Assim, imaginemos uma situação em que alguém produz o seguinte enunciado:

Compravam as roupas naquele bazar.

A forma verbal "compravam" tanto indica tempo passado, já que a ação de comprar se realiza no passado, quanto sugere um prolongamento dessa ação de comprar, no tempo, ou seja, manifesta o aspecto durativo/imperfectivo. Nota-se que, de qualquer modo, não houve a intenção de dizer que alguém *comprou* as roupas naquele bazar, num momento definido do passado.

"Tempo externo" e "tempo interno" dos fatos

Não é demais repetir que alguns estudiosos costumam contrapor as noções semânticas que envolvem o tempo (noções de presente, de passado e de futuro) às que se relacionam ao aspecto: noções de duração, instantaneidade, começo, desenvolvimento e fim, ou seja, ideias que dizem respeito à maneira como é tratado o tempo decorrido dentro dos limites do fato narrado.

Consideremos os seguintes enunciados, distribuídos num eixo imaginário, numa "linha do tempo", em que se marcam os três momentos temporais:

PASSADO	PRESENTE	FUTURO
_____|_____	_____|_____	_____|_____
Trabalhei muito naquele ano.	*Trabalho* sozinho hoje.	*Trabalharei* com meu filho no verão.

A respeito da frase *Trabalho sozinho hoje,* é possível dizer que:

i)   expressa um fato que se desenvolve no momento em que idealmente se situa o falante;

ii) apresenta um processo verbal que é contemporâneo ao momento da enunciação;

iii) apresenta um valor genérico e habitual do evento (trabalhar), que é expresso pela forma verbal de presente do indicativo.

Em *Trabalhei muito naquele ano*, a ação de trabalhar se desloca para antes do momento em que o falante está situado temporalmente. O evento reduz-se a uma espécie de ponto indivisível do passado.

Já em *Trabalharei com meu filho no verão*, inferimos que a forma verbal expressa um fato que ocorrerá no futuro; o foco da ação situa-se posteriormente ao ponto em que se localiza o falante.

O tempo de referência dos três enunciados é, portanto, o presente (o momento da fala, apontado como "aqui" e "agora") e esse tempo organiza o passado e o futuro de acordo com o momento da enunciação, ou seja, conforme o papel do falante situado como enunciador que relaciona tudo ao seu ponto de vista.

Desse modo, justifica-se a classificação do tempo como uma **categoria dêitica**, conforme já mencionamos. Em geral, os enunciados, por meio, sobretudo, das formas verbais, permitem que identifiquemos o falante, o lugar e o espaço em que ele se encontra.

Se os enunciados, entretanto, forem analisados do ponto de vista do **aspecto**, é preciso considerar a maneira como o tempo decorre nos limites do fato. A ênfase, nesse caso, não será dada à localização da ação no tempo, mas à ocorrência em si dos acontecimentos e a sua duração.

> Sobre a noção de dêixis, podemos defini-la com base em Lyons (1978: 637): "Entendemos por **dêixis** a localização e a identificação de pessoas, objetos, eventos, processos e atividades de que falamos ou aos quais nos referimos, em relação ao contexto espaçotemporal criado e mantido pelo ato da enunciação, e a participação, nesse ato, de um único falante e de, ao menos, um destinatário.".

Observemos, numa frase de efeito utilizada na propaganda de um hotel-fazenda, a ênfase que é dada muito mais às próprias ações (*olhar*, *chamar*), em destaque no enunciado, e à sua duração, do que à localização dessas ações no tempo:

> *Olha* o verão *chamando* você para ser feliz.

Consideremos, ainda, outro exemplo de frase de efeito de propaganda, agora de uma empresa de telefonia, que se institui, no texto, como patrocinadora oficial de uma competição de esportes de ação:

> *A GENTE NEM CHEGOU E JÁ TÁ RADICALIZANDO.*

Como podemos notar, manifesta-se, nessa propaganda, um tom fortemente jovial e, ao mesmo tempo, coloquial, revelado pela presença do pronome da oralidade (*a gente*) e da forma abreviada do verbo *estar* (*tá*). Esse tom combina com a imagem que compõe a propaganda: a de um jovem praticante de *skating*, em nítido movimento de competição.

O que mais nos chama a atenção no texto, porém, é o uso da forma verbal de pretérito perfeito do verbo *chegar*, que não indica, como deveria, uma ação totalmente realizada (*nem chegou*), ao lado da locução verbal formada do gerúndio do verbo *radicalizar*, acompanhada do termo circunstancial de tempo (*já*).

Todos esses componentes contribuem sobremaneira para a produção do efeito do sentido duradouro de coragem, força, desafio, que se quis produzir para atrair e convencer o leitor/ público-alvo principal da propaganda.

Esses efeitos se manifestam também no texto da campanha de um jornal, que instiga os leitores a discutir problemas que afligem a sociedade.

> QUER UMA
> CIDADE MELHOR?
> NÓS E VOCÊ.
> JÁ SÃO DOIS GRITANDO.

Os exemplos citados acima fazem lembrar que, ao lado da dêixis temporal e dos limites mais rígidos impostos ao sujeito da enunciação pela categoria do tempo, manifesta-se a opção por tornar aspectuais os acontecimentos e essa escolha é mais "estilística" e menos "obrigatória", por não ser estritamente necessária, se considerarmos a questão sob o ponto de vista comunicativo.

Assim, o sujeito, de acordo com a importância que pretende atribuir à temporalidade interna do fato que expressa, escolhe marcar ou não aspectualmente seu enunciado. Por isso, insistimos na afirmação de que o fenômeno do aspecto se dá num contexto não só linguístico, mas, sobretudo, extralinguístico.

Observemos, agora, as "escolhas aspectuais" reveladas nos seguintes versos de Manuel Bandeira, que compõem o poema "Evocação do Recife":

> Rua da União...
> Como eram lindos os montes das ruas da minha infância
> Rua do Sol
> (Tenho medo que hoje se chame de Dr. Fulano de Tal)
> Atrás de casa ficava a Rua da Saudade...
>   ... onde se ia fumar escondido
> Do lado de lá era o cais da Rua da Aurora...
>   ... onde se ia pescar escondido
>   [...]
> Foi há muito tempo...
> A vida não me chegava pelos jornais nem pelos livros
> Vinha da boca do povo na língua errada do povo
> Língua certa do povo
> Porque ele é que fala gostoso o português do Brasil

Fonte: BANDEIRA, Manuel. *Antologia poética*. 12. ed. Rio de Janeiro: Nova Fronteira, 2001, pp. 77-8.

No poema, as formas verbais de imperfeito do indicativo (*eram, ficava, era, chegava, vinha*), predominantes nesses versos de Bandeira, contribuem para a evocação de experiências vividas num passado longínquo, que são trazidas para o presente e, portanto, que se atualizam e se "espalham", como se compusessem um quadro a ser admirado.

Percebemos também que o uso das formas do presente do indicativo e do subjuntivo, respectivamente, no verso isolado pelos parênteses

> (*Tenho* medo que hoje *se chame* de Dr. Fulano de Tal)

revela um sujeito que não se limita a descrever o quadro, mas que interfere, impondo-se como um sujeito do presente real, afetado por um desejo (que não se chame...) e lembranças. Essa presença do sujeito também se marca por meio da utilização das formas de presente do indicativo, no último verso do trecho acima citado do poema:

> Porque ele *é* que *fala* gostoso o português do Brasil

Como vimos, embora tempo e aspecto se situem como categorias verbais, sofrem influência dos mais diversos elementos presentes nos enunciados. As categorias devem, por isso, ser estudadas em conjunto com esses outros elementos que, afinal, contribuem igualmente para a construção do sentido dos textos.

Observemos, novamente, os enunciados apresentados no início deste capítulo:

- Trabalhei muito *naquele ano*.
- Trabalho sozinho *hoje*.
- Trabalharei com meu filho *no verão*.

Não podemos deixar de notar, nesses exemplos, a influência dos termos circunstanciais "naquele ano", "hoje", "no verão", para a localização espaçotemporal do processo expresso pelo verbo *trabalhar*.

Agora, comparemos os enunciados acima com o que vem a seguir e observemos sua representação na imaginária "linha do tempo":

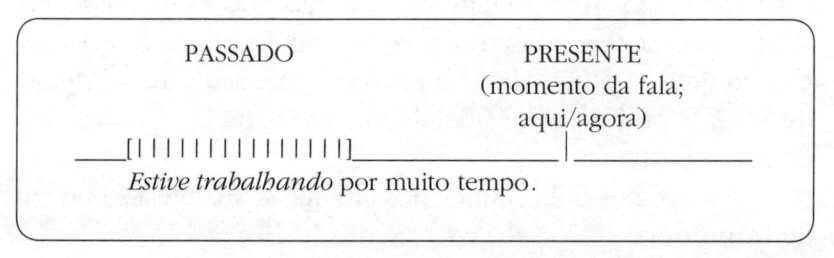

Sem dúvida, nesse enunciado, manifesta-se a categoria de tempo, já que é possível indicar que o fato ocorreu antes do momento da fala, portanto, no passado. Porém, o que se torna ainda mais evidente é a categoria de aspecto, pois, no enunciado se expressa a ação de trabalhar, em seu desenvolvimento/acontecimento, manifestando-se o fenômeno que Maingueneau (2001) classifica como *processo aberto à direita*.

Essa "abertura" do processo pode ser interpretada como uma espécie de convite feito pelo falante para que seu interlocutor "espie", olhe o espaço temporal compreendido entre os limites de começo e fim da ação.

Nesse caso, o falante chama a atenção para o tempo interno ao fato; há o escoar do tempo, como se este se concretizasse no espaço. Trata-se, conforme já ressaltado, do aspecto imperfectivo, que aponta a ação em seu desenvolvimento ou duração, num certo período, preenchido por frações de tempo. O tempo verbal (passado) serve, portanto, mais como uma marca de atitude, do que como um indicador de tempo cronológico.

Na primeira parte desta obra, disse que, em geral, nas gramáticas, a ênfase é dada ao verbo, como forma que exprime antes de tudo o tempo. Insisto, porém, que, nos enunciados, a noção do aspecto é tão presente quanto a do tempo. É desse modo que podemos compreender mais adequadamente como as relações temporais, entre outras, são expressas pela linguagem.

Por exemplo, para entendermos melhor a ideia de que a categoria do aspecto diz respeito à constituição interna do fato expresso pelo verbo, podemos pensar nas noções de iminência (algo que está para ocorrer) e de habitualidade (algo que ocorre com frequência), que não são propriamente aspectuais. Alguns estudiosos preferem considerá-las como "tipos" ou "possibilidades" aspectuais.

Observemos dois enunciados em que se manifesta a noção de **iminência**:

- O juiz *está para chegar.*
- O réu *estava prestes a sair* da prisão.

O sentido iminencial expresso nas duas frases acima não se caracteriza exatamente como um tipo aspectual, uma vez que não indica a estrutura temporal interna dos fatos verbais de *chegar* e de *sair*, mas sim, um momento anterior ou posterior a esses fatos. Trata-se de uma noção marcadamente temporal, indicadora de proximidade no futuro (do presente, no primeiro caso, e do passado, no segundo).

Em *O juiz está para chegar*, se expressa uma expectativa que já ocorre em relação à chegada do juiz.

No enunciado *O réu estava prestes a sair da prisão*, exprime-se uma expectativa que já havia em relação à saída do réu. Consideremos, também, um exemplo em que predomina a noção de habitualidade:

> Daniel *sai* de casa às sete horas há dois anos.

Podemos notar que se expressa, nessa frase, um fato habitual por **iteração** (sair de casa, no mesmo horário, repetidas vezes). Não se manifesta a constituição temporal interna da ação de sair; a ênfase é dada à repetição dessa ação. A noção de habitualidade por iteração, portanto, não pode ser considerada como aspectual.

Já no exemplo seguinte, a noção de habitualidade assume outras características. Vejamos:

> Mariana *estuda* inglês há cinco anos.

Nesse caso, expressa-se um fato habitual por continuidade (estudar inglês), cujo sentido se reforça por meio do componente circunstancial temporal "há cinco anos". Observamos, assim, a constituição temporal interna do processo de estudar, que se torna durativo, portanto, marcado aspectualmente.

Desse modo, para a análise da expressão verbal no português, devemos considerar não só a ação temporal, pura e simples, identificada morfologicamente, mas também a noção semântica de tempo, o aspecto.

Tempo e aspecto
nas formas nominais do verbo

As diferenças entre tempo e aspecto são, muitas vezes, demonstradas por meio da comparação entre as duas formas nominais que mais evidenciam o aspecto: o gerúndio e o particípio.

O **gerúndio** é considerado a forma nominal que exprime a cursividade, o desenvolvimento, o escoar do tempo, portanto, é imperfectivo, por natureza. Já o **particípio** é tomado como a forma que exprime um estado decorrente de um processo anterior, ou seja, como um resultado do escoar do tempo; é perfectivo, portanto, em seu sentido mais original.

A diferença entre essas formas nominais evidencia-se no parágrafo que abre o conto "Guardar o dia de sábado", de Carlos Nejar (grifos nossos):

> Simeão naquela manhã foi *acordado* pelos latidos de Tabor, o cão. E era sábado. Tabor lambeu seu rosto, suas mãos e tinha as orelhas *resmungando*. Tudo o que um cão pode dizer – apenas olha e não diz. Como se estivesse todo cheio de palavras.

Fonte: NEJAR, Carlos et al. *O decálogo*. São Paulo: Nova Alexandria, 2000, p. 33.

Para que possamos nos estender no assunto, consideremos a "apreciação semântica" a que Mattoso Câmara Júnior (1975: 92-3) se refere ao tratar das formas nominais do verbo – infinitivo, gerúndio e particípio. A oposição entre elas, segundo o autor, é aspectual e não temporal. O infinitivo é definido como a forma mais indefinida do verbo, a forma que de maneira mais ampla e mais vaga resume a sua significação, sem implicações das noções gramaticais de tempo, aspecto ou modo. Já entre o gerúndio e o particípio, a oposição é, sobretudo, aspectual. O gerúndio é "imperfeito" (processo inconcluso), ao passo que o particípio é de aspecto concluso ou "perfeito". Conforme explica o autor, o valor de pretérito ou de voz passiva (com verbos transitivos), que às vezes o particípio assume, não é mais que um subproduto do seu valor de aspecto perfeito ou concluso.

Notemos como se evidencia o aspecto durativo/imperfectivo das formas de gerúndio empregadas na charge abaixo, veiculada na época em que o Cristo Redentor foi eleito uma das novas maravilhas do mundo.

Fonte: Disponível em: <www.chargeonline.com.br/php/charges/mariosan.jpg>. Acesso em: 9 jul. 2007.

Já no título *Visitando o Cristo Maravilha...*, o uso do gerúndio sugere a duração temporal e também a "espacialização" da visita dos turistas. Seriam outros os efeitos de sentido se o título da charge fosse "A visita ao Cristo Maravilha...".

Na fala da personagem – *Está quase chegando o surpreendente momento!!!*, a locução verbal de gerúndio (*está chegando*), cujo sentido se reforça com a inclusão do elemento circunstancial (*quase*), reitera a intenção, demonstrada fortemente pelos traços visuais, de ironizar a situação e de apresentá-la passo a passo, detalhe por detalhe.

Utilizando-se dessas estratégias de argumentação, quem produz o texto procura guiar o leitor para o que quer fazê-lo admitir. Com esse propósito, o falante/enunciador opta por certas variações na expressão do pensamento, ou seja, adota certo estilo. Usa expressões particulares para caracterizar um meio, o lugar que ocupa nesse espaço, enfim, uma determinada atmosfera cultural.

Revela-se, na charge da página aterior, principalmente pelo sentido que se constrói com o uso das formas nominais de gerúndio, o interesse em apresentar o evento em seu desenvolvimento, como se sua duração fosse ampliada num efeito de câmera lenta.

Certamente não haveria a mesma influência sobre o leitor, ou seja, a mesma chamada a sua participação na construção do sentido, se a fala da personagem da charge fosse: *Chegará logo o momento que surpreenderá!*

Esse efeito de prolongamento do sentido dos verbos também pode ser verificado no trecho de uma propaganda sobre um automóvel de luxo:

> INCRÍVEL COMO, MESMO SUPERANDO
> TODAS AS SUAS EXPECTATIVAS,
> ESTE CARRO SEJA EXATAMENTE
> O QUE VOCÊ ESTAVA QUERENDO.

O tom de conversa adotado no texto (*Incrível como...*), o apelo proveniente do uso do pronome "você", a seleção e a combinação das palavras, a construção sintática, enfim, todo o conjunto, sem dúvida, revela a intenção de sugestionar o leitor/consumidor.

Não se pode, porém, deixar de notar que esse apelo se eviden-cia, em grande parte, por meio do uso das formas, simples e compos-ta, de gerúndio dos verbos "superar" e "querer", respectivamente. Com frequência, ocorre, em situações variadas de usos da língua, a substituição de formas verbais por formas nominais do verbo. Tomemos um exemplo em que se manifesta a neces-sidade de exprimir-se um processo acabado, por meio de uma forma nominal de particípio, mesmo havendo na língua uma for-ma verbal para exprimir simplesmente o pretérito.

É o caso das duas manchetes de jornal que transcrevemos abaixo.

ABATIDA PELA CRISE ECONÔMICA, ANGELA MERKEL TEN-TARÁ REELEIÇÃO NO PRÓXIMO DIA 27

INSPIRADO EM FRANCESES, LÍDER TEM PERFIL DE FAMÍLIA DE ELITE

Imaginemos que, na produção dessas manchetes, a opção não fosse pelas formas de particípio e sim de pretérito perfeito. As frases poderiam ser expressas, por exemplo, como se apre-sentam na coluna da direita do seguinte quadro:

Texto original	Texto com alteração
Abatida pela crise econômica, Angela Merkel tentará reeleição no próximo dia 27	Angela Merkel, que *se deixou abater* pela crise econômica, ten-tará reeleição no próximo dia 27
Inspirado em franceses, líder tem perfil de família de elite	O líder, *que se inspirou* em franceses, tem perfil de família de elite

Se compararmos as construções do quadro, notaremos que as formas nominais de particípio passado dos verbos *abater*-se e *inspirar-se*, empregadas nas manchetes originais, expressam mais concretamente e mais objetivamente, no primeiro caso, o abatimento da chanceler alemã e, no segundo, a inspiração nos franceses, por parte do líder.

Podemos ainda notar que, nas duas manchetes originais, interessa, respectivamente, muito mais nomear Angela Merkel e o líder, caracterizá-los, descrevê-los pelos efeitos dos sentidos expressos pelos verbos, do que transformá-los em sujeitos desses verbos (*Angela Merkel, que se deixou abater... O líder, que se inspirou em franceses...*).

Assim, percebemos que, se fossem expressas no pretérito perfeito, essas formas verbais indicariam o passado abstrato, longínquo, em que se deram o abatimento da chanceler e a inspiração do líder. Como não interessava indicar esse tempo e, sim, caracterizar os sujeitos, as formas passivas (*abatida* e *inspirado*) serviram, afinal, para a expressão do perfeito. Desse modo, compreende-se por que essas formas são chamadas formas nominais dos verbos.

Os exemplos comentados demonstram que a categoria aspectual, concreta e objetiva, como é em geral considerada, influi na expressão da categoria abstrata do tempo.

Mais um bom exemplo do uso da forma nominal de particípio encontra-se na manchete de jornal a seguir, cujo grifo é nosso:

Se *aprovado*, fundo soberano terá R$ 13 bi

Dinheiro virá de aumento do aperto fiscal de 3,8% para 4,3% do PIB e servirá para combater inflação, diz Mantega

---

Imaginemos que a frase de efeito dessa notícia fosse assim apresentada:

> Se o fundo soberano *for aprovado*, terá R$ 13 bi

Comparando-se os dois enunciados, notamos que, no primeiro, a ênfase é dada ao estado condicional do fundo ("Se *aprovado...*"), e não ao processo verbal propriamente dito de *aprovar*, que pressupõe, necessariamente, a ação de um sujeito (alguém aprovará), como se percebe no segundo caso ("Se o fundo *for aprovado...*"). A forma passiva do verbo, usada sem o auxiliar ("Se *aprovado...*"), expressa, como podemos verificar, um sentido mais aspectual, perfectivo.

Ainda, os usos do particípio e os efeitos de sentido decorrentes desses usos são destaques no trecho a seguir, extraído de uma reportagem de jornal:

> Mal *saídos* da infância,
> garotos como Philippe
> Coutinho e Oscar já têm o
> futuro traçado no futebol.

No trecho, ao usar a forma nominal de particípio do verbo *sair*, o jornalista ressaltou o estado dos dois jogadores brasileiros de futebol ("Mal – da infância", ou seja, muito jovens ainda), já comprados por times europeus, e não a própria ação de sair/deixar a infância.

A anteposição da oração reduzida, na construção sintática do trecho, certamente colabora também para a expressividade do uso da forma de particípio.

Também notamos a mesma intenção de ressaltar o resultado de uma ação ("o futuro *traçado*") e não o sentido propriamente dito da ação de traçar, na atribuição de um estado (o particípio/adjetivo *traçado*) ao futuro dos garotos. Portanto, interessa mais ressaltar esse estado, por meio do particípio, do que sugerir que alguém traçou esse futuro.

Assim, seriam bem diferentes os efeitos de sentido no texto, se, por exemplo, lêssemos:

> Garotos como Philippe, Coutinho e Oscar, que mal *saíram* da infância, já têm o futuro que *foi traçado* no futebol.

São comuns, principalmente na oralidade, esses usos de particípio, já assimilados como verdadeiros adjetivos, que indicam estados decorrentes de ações, como nos exemplos:

> - Vinícius é bastante *viajado*.
> - Vítor casou-se com uma moça *estudada*.
> - Ele é um homem muito *lido* em economia.
> - Trata-se de um professor *vivido*.

Ainda chamando a atenção para o uso da forma de particípio, reproduzimos uma manchete de jornal, com grifo nosso:

> *SOBRECARREGADO*, INCA SERÁ OBRIGADO A TROCAR 47% DOS FUNCIONÁRIOS EM 2010

A forma de particípio (*sobrecarregado*) indica que a ação de sobrecarregar, já concluída, não é mais um processo, e sim um estado (a permanência, a duração de um estado do Instituto Nacional do Câncer – INCA) que se quer ressaltar. Esse estado se expressa mais por um nome do que por um verbo, pois, como se costuma afirmar, é próprio do verbo exprimir um processo.

Aliás, a propósito da oposição que se costuma estabelecer entre nome e verbo, Benveniste (1976) argumentava que não podemos utilizar nem noções como objeto e processo, nem categorias como tempo, nem diferenças morfológicas; o critério, entretanto, existe e é de ordem sintática, pois se prende à função do verbo no enunciado.

Podemos aplicar essas ideias ao que ocorre no exemplo em destaque, em que a forma caracterizada como morfologicamente nominal (*sobrecarregado*) assume uma função sintaticamente verbal. De fato, a função desse termo será apontada como oracional (oração subordinada reduzida de particípio), se nossa análise tiver como objetivo o estudo da sintaxe do período em que essa forma nominal é empregada.

Do ponto de vista da morfologia, o particípio, de certo modo, distancia-se da natureza verbal, pois consiste no acréscimo de um sufixo nominal ao tema ou ao radical da forma verbal. Trata-se, no fundo, de um adjetivo que pode portar, inclusive, as marcas nominais de feminino e de número plural em /s/, como, por exemplo, na frase: "Sobrecarregadas, as unidades de saúde não promoverão neste ano campanhas de vacinação".

Em outros termos: o particípio é um nome-adjetivo, que em vez de expressar a qualidade de um ser, expressa, semanticamente, um processo que nele se passa, como notou Mattoso Câmara Júnior (1975).

Morfologicamente, portanto, esse particípio pertence à classe dos adjetivos, porém, no âmbito semântico e sintático, seu valor é verbal.

Podemos, também, lembrar a presença do particípio, tanto na formação dos tempos compostos, quanto na composição das conjugações perifrásticas.

Comecemos com o uso do particípio em formas compostas, como as que se expressam nas frases abaixo:

- *Tenho* meu cabelo *cortado.*
- *Tenho* o livro *lido.*

Nesses casos, também se assegura a permanência do aspecto resultativo da ação, ou seja, a perfectividade (**cortou**-se o cabelo; **leu**-se o livro). Ao mesmo tempo, porém, marca-se a duração ou a permanência de um estado (o cabelo está/permanece cortado; o livro está/permanece lido). Trata-se do *resultado produtivo* a que se refere Bechara (2001: 216), ao abordar as subcategorias aspectuais, uma vez que esse resultado afeta o objeto (no caso dos exemplos anteriores, o *cabelo* e o *livro*).

Podemos distinguir, entretanto, o estado como uma condição realizada por uma ação, a partir da própria ação. Nesse sentido, notamos que os particípios *cortado* e *lido* são, de fato, particípios passados – os verdadeiros "nomes verbais", que expressam o "tornar-se". Indicam, na verdade, o "ser", mais que o "fazer". Essas formas do verdadeiro pretérito perfeito composto do modo indicativo (*tenho cortado, tenho lido*) são, portanto, marcadas originalmente pelo traço aspectual da perfectividade.

Já não se dá o mesmo fenômeno nas frases seguintes, mais comuns na oralidade:

* *Tenho cortado* meu cabelo mensalmente.
* *Tenho lido* um livro por semana.

Nesses exemplos, prevalece a ideia de habitualidade da ação e não o aspecto, ou seja, não se marca a duração ou a continuidade dos processos expressos pelos verbos *cortar* e *ler*. Percebemos que a intenção de quem se expressa, nesses casos, é ressaltar a ideia do tempo em que ocorrem as ações de *cortar* e de *ler* e não a duração ou a permanência de um estado.

Sem dúvida, contribuem, em grande parte, para a construção dessa ideia de habitualidade das ações os termos circunstanciais de tempo "mensalmente" e "por semana".

Cabe aqui, ainda, levantar a questão das diferenças entre tempo composto (TC) e conjugação perifrástica (CP), apontadas por alguns gramáticos. Pontes (1973), por exemplo, define **conjugação perifrástica** como a combinação entre um verbo auxiliar, acompanhado ou não de preposição (ter de, ir, vir, andar, deixar de, dever, querer, poder etc.) e um verbo principal, expresso no gerúndio ou no infinitivo. A presença do verbo auxiliar na formação dessas conjugações é decisiva na construção de novos valores semânticos e, muitas vezes, na expressão do aspecto verbal em português.

Levando-se em conta essas ideias, podemos considerar como exemplos de construções perifrásticas as que se apresentam nas seguintes frases:

- *Vou fazendo* meu trabalho solitariamente.
- *Venho percebendo* suas intenções.
- *Deixou de fumar* ainda jovem.
- *Acabei por convencer* minha mãe.
- *Terei de trabalhar* durante o curso.
- *Devo ter* o livro recomendado.
- *Ando estudando* demais.

Já os tempos compostos (TC) pertencem ao quadro geral da conjugação. Cada um conserva um determinado nome, conforme o quadro a seguir:

Modo indicativo	Modo subjuntivo
pretérito perfeito composto (*Tenho feito*)	pretérito perfeito composto (*Tenha feito*)
pretérito mais-que-perfeito composto (*Tinha feito*)	pretérito mais-que-perfeito composto (*Tivesse feito*)
futuro do presente composto (*Terei feito*)	futuro composto (*Tiver feito*)
futuro do pretérito composto (*Teria feito*).	

Os gramáticos, em geral, não estabelecem diferenças entre as locuções verbais e as perífrases verbais. Pregam, por exemplo, que, diferentemente dos tempos compostos, essas expressões constituem cada uma sua conjugação inteira e se originam das necessidades de expressão mais complexa, em que se busca traduzir o "aspecto verbal".

A indicação de aspecto não pode, porém, servir para diferenciar os tempos compostos das perífrases e locuções verbais, uma vez que os tempos compostos (ter + particípio passado) também se prestam a indicar o aspecto. Já se assinalou aqui o aspecto resultativo/perfectivo das formas de pretérito perfeito composto: "*Tenho* meu cabelo *cortado*. – o livro *lido*".

Esses exemplos contrastam com as expressões que denotam a realização perfeita até o presente, ou até determinado momento do passado ou do futuro, marcadas pelo traço da habitualidade e não da aspectualidade, como já mostramos aqui.

Vejamos estes outros exemplos:

- *Tenho feito* as lições rigorosamente.
- *Terei de trabalhar* durante todo o mês.

É, enfim, bem antiga a preocupação dos gramáticos com o fenômeno do aspecto verbal; porém, talvez por tratar-se de uma categoria não marcada por um traço morfológico específico, poucas vezes figura nos quadros gramaticais das noções básicas expressas pelo verbo. Essas, em geral, se restringem, conforme já afirmamos, às noções de modo, tempo, pessoa, número e voz.

Basta, porém, prestarmos atenção aos textos que nos rodeiam, para percebermos que a noção de aspecto se manifesta fortemente. Tomemos, por exemplo, a seguinte frase de efeito, que compõe uma propaganda de refrigerante:

> SABE AQUELA SENSAÇÃO DE QUE O MUNDO
> VAI FICANDO MELHOR A CADA GOLE?
> NÃO É SÓ UMA SENSAÇÃO.

O tom coloquial da pergunta, que se inicia com a forma verbal de presente do verbo *saber*, a resposta, em que também se utiliza a forma verbal de presente do verbo *ser* e, sobretudo, a construção perifrástica *vai ficando* (auxiliar *ir* + gerúndio) revelam traços aspectuais de duração e continuidade, fundamentais para produzir, na propaganda, o efeito da sensação de prazer que se prolonga. São, na verdade, evidentes estratégias de sedução do leitor/consumidor, características do gênero a que esse texto pertence.

Desse modo, comprova-se, mais uma vez, que não se pode proceder à análise das formas verbais que compõem os enunciados, sem que se considerem as inúmeras possibilidades semânticas e discursivas de que essas formas se investem para a construção do sentido global dos textos.

Traços aspectuais nos componentes léxicos dos enunciados

Os verbos e outras classes de palavras (substantivos, adjetivos, advérbios) são passíveis de portar, além das marcas temporais, marcas aspectuais, ou seja, os componentes léxicos podem trazer em si as referências a uma constituição temporal interna de um fato.

Conforme já afirmamos, o verbo pode fornecer, por meio da raiz/radical, muitas outras informações, além de sua contribuição para o conteúdo informativo da frase.

Referindo-se a tais informações, Ilari e Basso (2006: 113) tomam como exemplos os verbos *ligar* e *funcionar*, aplicados a um motor: *ligar* indica uma ação momentânea, que acontece "num estalo"; *funcionar* indica uma ação durativa, que pode continuar indefinidamente.

Apontam, também como exemplos, as diferenças entre *montar* e *arrastar*, quando aplicados a um móvel. *Montar* indica uma ação para a qual se prevê naturalmente um fim, por isso representa a classe dos verbos "télicos" (do grego *télos*, que significa fim, resultado), conclusivos, enquanto que *arrastar* indica uma ação sem fim previsível, por isso chamado "atélico", não conclusivo.

Assim, os verbos *crescer, progredir, refletir, desenvolver* são exemplos de verbos cujos lexemas chamam a atenção do ouvinte/leitor para um "tempo interno".

Observemos os usos desses verbos em alguns exemplos de frases:

- *Crescem* suas preocupações com o filho.
- As alunas *progrediram* muito nessa matéria.
- Ele sempre *refletia* muito antes de agir.
- Certos setores industriais *se desenvolvem* menos que outros.

Percebemos que tais verbos referem processos, atividades ou estados, marcados pelo traço aspectual durativo/imperfectivo. São processos dotados de um tempo intrínseco ao desenrolar dos eventos expressos pelos verbos: o crescimento, o progresso, a reflexão, o desenvolvimento.

Já os sentidos de verbos como *comprar, entrar, saltar* são orientados mais para um término, portanto, são verbos **télicos**. Observemos alguns exemplos de usos desses verbos:

- Já *compraram* todos os móveis para a nova casa.
- *Entrou* na água imediatamente.
- O atleta *saltou* com precisão.

Notamos que, nessas três frases, os verbos estão flexionados no pretérito perfeito, o que contribui essencialmente para que se construa o sentido de ação concluída. Se estivessem flexionadas no presente ou no imperfeito, certamente essas formas expressariam duração e continuidade das ações. Vejamos:

Forma perfectiva	Forma imperfectiva
a) Já *compraram* todos os móveis para a nova casa.	*Compram/Compravam* todos os móveis para a nova casa.
b) *Entrou* na água imediatamente.	*Entra/Entrava* na água imediatamente.
c) O atleta *saltou* com precisão.	O atleta *salta/saltava* com precisão.

Esses modos de processos só se definem no interior dos enunciados, de acordo com o contexto em que figuram. Não podemos negar, entretanto, que certos verbos exprimem um sentido durativo imanente, como, por exemplo, *saltitar, amanhecer, fortificar, rejuvenescer, dedilhar, chuviscar, cabecear* etc., conforme já exposto aqui.

Esclarecemos, enfim, que nos interessa, acima de tudo, verificar em que medida esses traços aspectuais, que frequentemente marcam os diversos componentes léxicos dos enunciados, também influenciam na produção de sentido dos textos. Pensemos na constituição temporal interna dos fatos que se revela em forma de adjetivos originados de antigos particípios presentes do latim.

Um exemplo desse tipo de adjetivo é o que se apresenta a seguir, em destaque, e que compõe o texto de uma propaganda da bebida Guarah:

Gostoso
como Guaraná.
Refrescante
como você nunca viu.

Refrescante, ou "que refresca", indica claramente a contemporaneidade e também a continuidade da ação de refrescar, embora seja expresso em forma de adjetivo. Notamos que interessa mais, no caso, determinar a "maneira de ver" a constituição temporal da situação do que localizar o tempo dessa situação em relação a um dado momento.

A escolha desse adjetivo que, na verdade, se origina de um processo de "nominalização" do particípio presente do latim, consiste numa forte estratégia para o alcance do objetivo da propaganda: convencer o interlocutor, seduzi-lo e levá-lo ao consumo do produto anunciado.

Convém insistirmos na formação desses adjetivos/particípios. No latim e ainda no português arcaico, ocorriam formas de particípio presente com a terminação -*nte*, que tinham valor verbal. Encontramos em Pereira (1958: 351) o exemplo de uma frase de João de Barros, cujo grifo é nosso:

> Mandou recados a certos mouros *estantes* em Cananor.

Há, certamente, uma diferença entre o sentido dessa forma de particípio presente, grifada na frase, e o sentido que se expressaria se a mesma frase fosse assim apresentada:

> Mandou recados a certos mouros *que estavam* em Cananor.

Os sufixos *-ante*, *-ente* e *-inte*, indicadores de duração da ação, portanto, aspectuais por natureza, caracterizam o particípio presente. As palavras que se formam com esses sufixos como, por exemplo, *participante*, *pertencente*, *penitente*, *servente*, *referente*, *constituinte*, *pedinte*, são todas marcadas pelo traço aspectual durativo/imperfectivo.

Observemos como se prolonga a ação de passar, por meio do adjetivo que grifamos num dos versos de uma estrofe do poema "Lei do passante", de Cecília Meireles (grifos nossos):

> *Passante* quase enamorado,
> nem livre nem prisioneiro,
> constantemente arrebatado,
> – fiel? saudoso? amante? alheio? –
> a escutar o chamado,
> o apelo do mundo inteiro,
> nos contrastes de cada lado...

Fonte: MEIRELES, Cecília. *Doze noturnos da Holanda e outros poemas*. Rio de Janeiro: Nova Fronteira, 1986, p. 69.

No português moderno, essas formas passaram para a categoria de meros adjetivos e muitos deles se transformaram em substantivos, porém, ainda revelam o traço aspectual: o falante (aquele que fala), o crente (aquele que crê), o pedinte (aquele que pede) etc.

Pereira (1958) aponta, ainda, dois particípios do português: o particípio passivo, ou do passado, e o particípio ativo, ou do presente. Este, de acordo com o autor, coincide etimologicamente e morfologicamente com o gerúndio e dele só se distingue funcionalmente, já que tem a função de um adjetivo. O exemplo que o autor apresenta traz os dois particípios (grifos nossos):

> ... derramar água *fervendo* sobre a ferida *aberta* pelo ferro inimigo.

Comparemos a forma "fervendo", do exemplo anterior, com a que grifamos no parágrafo que dá início ao conto "Nos olhos dele", de Bernardo Ajzenberg:

> Quinze anos sem aquela voz, e a reconheci antes que se identificasse: áspera, *fervente*, um raio.

Fonte: FALCÃO, Adriana et al. *13 maneiras de amar. 13 histórias de amor.* São Paulo: Nova Alexandria, 2001, p. 29.

Interessante é notar que esses usos dos particípios se apresentam ainda hoje, como podemos observar nas formas que aparecem grifadas no seguinte trecho de uma crônica jornalística, em que Sérgio Costa se refere à proibição do cigarro em bares e restaurantes:

> Para um não fumante, piloto habitual de carrinho de bebê, depois da lei ficou impossível andar na rua sem ter que driblar muitas baforadas e brasas perdidas. Tabagistas invadiram as calçadas *brandindo* seus cilindros *incandescentes*. Estavam melhores *confinados*.

Fonte: Costa, Sérgio. Politicamente incorreto. *Folha de S. Paulo*, 25 jun. 2008. Caderno Opinião, p. A2.

O adjetivo *incandescentes*, marcado pelo traço aspectual durativo/imperfectivo, herdado do particípio presente, e somado à forma do gerúndio (*brandindo*), também durativa, promove no texto uma espécie de provocação, um convite a que o leitor "dê uma espiada" na situação narrada.

O trecho apresenta, ainda, a forma de particípio passivo *confinados*, que expressa o resultado de uma ação (portanto, também marcado aspectualmente) e que conserva a natureza adjetiva, ao ampliar, na frase, o campo semântico do substantivo *tabagistas*.

Nesse exemplo, é fácil perceber o estreito relacionamento do aspecto com as estruturas internas dos acontecimentos ou situações, mais do que com o tipo de relações envolvidas no tempo. Por essa razão, defendo a ideia de que a categoria de aspecto, não menos variada que a do tempo, abrange tudo o que é relativo à duração e ao grau de acabamento dos processos indicados pelos verbos.

Desse modo, não se pode deixar de considerar que, no texto de Sérgio Costa, a escolha de palavras como *brandindo*, *incandescentes* e *confinados* foi feita em função da situação interlocutiva revelada no texto e dos efeitos de sentido que o sujeito/enunciador quis comunicar.

Observemos como é marcado aspectualmente o adjetivo que grifamos e que se repete na frase de efeito de uma propaganda:

> Tão *crocante*,
> mas tão *crocante*, que é torrada
> e ao mesmo tempo despertador.

A combinação dos sons /k/ e /r/, no interior da própria palavra "crocante" e, ainda, sua repetição, certamente, sugerem o barulho da mordida, num processo de sedução daquele que se tornará, conforme as intenções do enunciador, um consumidor do produto oferecido.

Do mesmo modo, muitos outros nomes (substantivos e adjetivos) trazem em si marcas aspectuais facilmente reconhecidas: filmagem, discagem, montagem etc.

Quando escolhemos dizer, por exemplo, que "a malandragem anda solta" e não que "os malandros andam soltos" ressaltamos um processo, o agir dos malandros e esse processo se espacializa, prolonga-se no tempo, o que não ocorre com tanta ênfase no segundo caso (os malandros andam soltos). O sufixo -*agem*, formador desses nomes, atribui ao radical esse sentido (+)durativo, espacial; contribui, enfim, para tornar mais "visível" o processo em desenvolvimento.

Disso, depreende-se que a categoria aspectual envolve, necessariamente, o sujeito da enunciação com a totalidade do enunciado.

Adotando-se, pois, uma perspectiva discursiva, inscrevemos necessariamente a aspectualização também no espaço e nos atores do discurso e não apenas no tempo. Barros (1994: 69) chama a atenção para esse fenômeno, ao lembrar que, assim entendida, a aspectualização não se limita a recortar o tempo da ação, fazendo dele um desenvolvimento ou uma duração, com começo e fim, mas também se presta a determinar o espaço enquanto limite, distância, extensão etc. e qualifica o ator pela "elegância" de suas realizações e pela "quantificação", excessiva ou insuficiente, de seu modo de agir. Trata-se, portanto, de uma correlação entre contextos, atores sociais e recursos linguísticos.

É preciso, também, notar que a questão do aspecto se configura tão importante quanto a do tempo quando buscamos compreender como as relações temporais e, ainda, as espaciais e as actoriais/pessoais são expressas na linguagem.

Convém, enfim, reconhecer a categoria aspectual, sobretudo, como um mecanismo fundamental da enunciação, como um fenômeno que se revela profundamente relacionado com a estrutura dos acontecimentos.

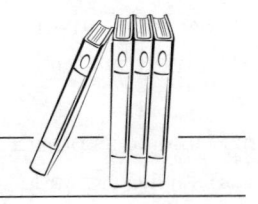

Verbo: tempo e aspecto no ensino do português

As ideias aqui expostas sobre as categorias de tempo e de aspecto, sem dúvida, inserem-se num âmbito maior de discussão das teorias e práticas discursivas e textuais. Assim sendo, o que proponho é um estudo mais abrangente do objeto de ensino que é a língua e, mais amplamente, a linguagem, focalizando, sobretudo, sua prática, que ocorre necessariamente sob determinadas condições sócio-históricas.

Nesta última parte, especificamente, busco promover a seguinte reflexão: de que maneira podemos utilizar, nas atividades de leitura e de produção textual, os mais variados gêneros textuais e levar o aluno a reconhecer as categorias de tempo e de aspecto como fenômenos semânticos, ou seja, como fatores essenciais na construção de sentido dos textos?

Gramática e ensino: as propostas dos PCNs

Para começo de conversa, propomos a leitura do seguinte trecho dos Parâmetros Curriculares Nacionais (PCNs):

> Uma vez que as práticas da linguagem são uma totalidade e que o sujeito expande sua capacidade de uso da linguagem e de reflexão sobre ela em situações significativas de interlocução, as propostas didáticas de ensino de Língua Portuguesa devem organizar-se tomando o texto (oral ou escrito) como unidade básica de trabalho, considerando a diversidade de textos que circulam socialmente. Propõe-se que as atividades planejadas sejam organizadas de maneira a tornar possível a análise crítica dos discursos para que o aluno possa identificar pontos de vista, valores e eventuais preconceitos neles veiculados.
>
> Assim organizado, o ensino de Língua Portuguesa pode constituir-se em fonte efetiva de autonomia para o sujeito, condição para a participação social responsável (Brasil, 1998: 58-9).

Como podemos notar, no trecho, enfatiza-se a necessidade de dar ao aluno condições de ampliar o domínio da língua e da linguagem e de prepará-lo, dessa forma, para o exercício da cidadania. Propõe-se que a escola organize o ensino com vistas a levar o aluno a desenvolver seus conhecimentos discursivos e linguísticos, o que significa:

- saber ler e escrever conforme seus propósitos e demandas sociais;
- expressar-se apropriadamente em situações de interação oral diferentes daquelas próprias de seu universo imediato;

- refletir sobre os fenômenos da linguagem, particularmente os que dizem respeito à questão da variedade linguística, para, dessa forma, combater a estigmatização, a discriminação e os preconceitos relativos ao uso da língua.

Desse modo, não se justifica tratar o ensino gramatical desvinculadamente das práticas de linguagem, ou seja, de forma descontextualizada, por meio da exposição de quadros sinóticos das formas verbais ou de um conjunto de regras de concordância, regência, colocação pronominal, reforçadas por exercícios de identificação e classificação. Na seleção dos conteúdos de análise linguística, a referência não deve ser, portanto, o que conhecemos como "gramática tradicional".

O que deve ser ensinado, conforme lemos nos Parâmetros, não deve responder às imposições de organização clássica de conteúdos na gramática escolar, mas aos aspectos que precisam ser tematizados em função das necessidades apresentadas pelos alunos nas atividades de produção, leitura e escuta de textos. A ideia que predomina, assim, é a de que o ensino da gramática deve ser contextualizado e centrado no texto.

Na verdade, não é nova a prática de constituir-se uma equipe de especialistas para elaborar um conjunto de reflexões e orientações para a seleção e a aplicação mais adequadas dos conteúdos curriculares, como é o caso dos Parâmetros a que estamos nos referindo. Para ficarmos com apenas um exemplo, basta lembrar os subsídios às propostas curriculares das várias disciplinas para os antigos 1° e 2° graus, organizados e publicados pela Coordenadoria de Estudos e Normas Pedagógicas (Cenp), da Secretaria da Educação de São Paulo. Como esses, inúmeros outros materiais foram e ainda são produzidos como referenciais para o trabalho em sala de aula.

Resta saber, entretanto, se tais orientações alcançam, de fato, o universo escolar. O professor toma conhecimento desses modelos, discute-os com seus pares, aplica-os em suas atividades didáticas?

A preocupação se justifica, entre outros motivos, pelo fato de que nos Parâmetros Curriculares Nacionais – Ensino Médio, publicados em 2002 ficam ainda bem evidentes as falhas que parecem perpetuar-se no ensino da gramática. Eis o que consta nos seguintes trechos desse novo documento:

> A perspectiva dos estudos gramaticais na escola até hoje centra-se, em grande parte, no entendimento da nomenclatura gramatical como eixo principal: descrição e norma se confundem na análise da frase, esta deslocada do uso, da função e do texto. O estudo gramatical aparece nos planos curriculares de Português, desde as séries iniciais, sem que os alunos, até as séries finais do Ensino Médio, dominem a nomenclatura. Estaria a falha nos alunos? Será que a gramática que se ensina faz sentido para aqueles que sabem gramática porque são falantes nativos? A confusão entre norma e gramaticalidade é o grande problema da gramática ensinada pela escola. O que deveria ser um exercício para o falar/escrever/ler melhor se transforma em uma camisa de força incompreensível (Brasil, 2002: 137).

É ainda comum a preocupação de muitos professores em reconstruir com os alunos o quadro descritivo constante dos manuais de gramática escolar, ou seja, em construir paradigmas morfológicos, em discutir os pontos de gramática, as classes de palavras com suas múltiplas subdivisões, as regras de concordância, com suas exceções reconhecidas.

No entanto, é necessário que os alunos compreendam primeiramente os fenômenos gramaticais, conforme se realizam nos textos e no uso efetivo da linguagem, para, depois, organizar sistematicamente os conteúdos, fase também importante no aprendizado da língua.

Nas gramáticas e nos materiais didáticos (livros, apostilas, manuais de orientação ao professor etc.), o tratamento dado ao verbo, em geral, limita-se à exposição de paradigmas de conjugação, com todas as formas temporais e modais, sem que se explique, por exemplo, por que alguns verbos permitem certas construções e outros não. Também não se esclarecem as razões do uso de locuções e perífrases verbais, em vez da adoção das formas simples. Tais modelos não dão conta, portanto, de toda a significação possível do verbo.

Infelizmente, não se discute o essencial, a saber: que marcas o sujeito enunciador deixa de si mesmo ao utilizar as formas verbais para expressar-se, oralmente ou por escrito? O que pretende dizer ao ouvinte/leitor e como quer que este interprete o que foi dito?

O ensino do verbo: tempo, aspecto e práticas discursivas

Considerando os estudos desenvolvidos nos capítulos anteriores, apresento, agora, algumas sugestões que podem contribuir para transformar o ensino do verbo numa reflexão linguística mais adequada. Isso significa tratar o verbo como um dos mecanismos essenciais da língua, que permite ao sujeito/ falante/usuário expressar certezas, desejos, comandos, emoções e, sobretudo, buscar a cumplicidade do interlocutor na expressão de tudo que pretende comunicar.

Meu objetivo, portanto, é discutir alguns caminhos que levem à reflexão do fenômeno verbal, sobretudo como um fato semântico e discursivo, passível de promover a interpretação, o debate, a pesquisa e a troca de experiências.

O pressuposto básico é que o estudo das categorias de tempo e de aspecto, consideradas em sua dimensão semântico-discursiva, pode contribuir para que o aluno desenvolva a competência linguística e saiba compreender e utilizar os mecanismos disponíveis na língua para criar sentido.

As reflexões serão expostas de modo geral, ou seja, não as direcionaremos a um determinado nível de ensino, nem oferecemos "receitas" de atividades pontuais sobre o estudo do verbo. Partiremos sempre de textos de diferentes gêneros e centraremos nossa atenção nas marcas de tempo e de aspecto presentes nas formas verbais empregadas e nos respectivos efeitos de sentido provocados nesses textos.

Comecemos com a observação de uma tirinha, gênero que se constitui num excelente material para o tratamento dessas questões.

Fonte: BROWNE, Dik. *O melhor de Hagar, o Horrível* - v.4. Porto Alegre: L&PM, 2008, p.29.

Levando-se em consideração o que já discutimos aqui, não seria nada interessante se essa tirinha fosse utilizada nas atividades didáticas apenas como um simples pretexto para a identificação das formas simples do presente (*estou, quer*) e do perfeito (*colocou*) e das formas compostas (*estou tentando, estou ficando, quer ir*).

Se assim procedêssemos, perderíamos a chance de promover uma boa discussão sobre as escolhas das formas compostas dos verbos, empregadas nessa tirinha, que consistem em construções geralmente usadas na oralidade, em situações de conversa.

O aluno deve ser incentivado a comparar situações de uso, a reconhecer que a seleção das formas verbais, levada a efeito na realização do discurso, pode revelar a busca da participação do interlocutor/leitor/ouvinte, no processo de construção de sentido dos textos.

Certamente, o aluno reconhecerá que o efeito de humor da tirinha (característica do gênero) se constrói, em grande parte, por meio dessa escolha das formas verbais e da intenção não só de situar as ações no tempo, mas de atribuir a essas ações certa espacialidade, uma extensão no tempo.

Observemos a resposta dada por Hagar à pergunta da mulher, no primeiro quadrinho:

> Estou tentando...

e a expressão corporal e facial do personagem ao completar seu pensamento, no segundo quadrinho:

> Mas estou ficando com a impressão de que ele não quer ir...

Uma boa maneira de identificar as marcas de aspecto e os efeitos de sentido provocados pelas formas verbais compostas é transformá-las em formas simples.

Imaginemos como ficaria esse texto e que efeitos de sentido seriam produzidos se as falas das personagens se construíssem de outro modo. Observemos uma possibilidade de transformação, apresentada no seguinte quadro:

Texto original	Texto com alteração
– Estou tentando...	– Tento...
– Mas estou ficando com a impressão de que ele não quer ir...	– Mas fico com a impressão de que ele não quer ir...

Com esse exercício, percebemos que os efeitos de humor da tirinha se constroem, em grande parte, por meio da linguagem visual, pelos traços do desenho. Notamos, entretanto, que a linguagem verbal se articula a esses traços para o sentido que se quer construir no texto como um todo.

Fica, desse modo, fácil apontar as diferenças entre o modo como se dá a interação no texto original e como esta ocorre no texto transformado.

No primeiro, há uma espécie de "presentificação" do momento da conversa. Não é o tempo (presente ou passado) que se estabelece como marca principal das formas verbais utilizadas na tirinha. Há o que os estudiosos do aspecto denominam "qualidade do tempo". As formas verbais compostas, em especial as que se constroem com o gerúndio (*estou tentando*...; *estou ficando*), contribuem para essa "espacialização" ou prolongamento das ações.

Trata-se, também, de uma boa oportunidade para demonstrar que o texto produzido sempre revela as condições de sua produção. Podemos localizar os interlocutores (quem produz e para quem se produz), a intencionalidade (para que se produz), o assunto (o que se diz), o modo de dizer/tipo de linguagem (como se diz: de modo formal ou em tom de conversa, por exemplo) e o veículo/suporte (onde se divulga o texto). Enfim, todo esse contexto de produção não pode ser deixado de lado, quando se utiliza o texto nas atividades didáticas.

No seguinte poemeto (haicai) de Oldegar Vieira, com grifo nosso, notemos o papel do gerúndio na construção de sentido do arrastar-se de um calango:

UM CALANGO
Farfalhar de folhas
secas. Rápido, um calango
riscando o silêncio.

Fonte: GUTTILLA, W. (org.). *Boa companhia:* haicais. São Paulo: Companhia das Letras, 2009, p. 143.

São evidentes os efeitos de sentido provocados pela aliteração da labiodental (f), da palatoalveolar (lh) e da sibilante (s), na simulação do barulho do arrastar-se do lagarto na natureza. Esse conjunto sonoro se reforça com o uso do gerúndio, evidenciando-se, também, a "espacialização" ou prolongamento da ação de "riscar" o silêncio. Predomina, pois, no uso dessa forma, o aspecto imperfectivo. Nota-se que não há a intenção de localizar a ação no tempo.

Os efeitos seriam, certamente, outros no poema, se as formas de presente, de imperfeito ou de perfeito fossem utilizadas no lugar do gerúndio. Vejamos:

Rápido, um calango *risca* o silêncio.	Rápido, um calango *riscava* o silêncio.	Rápido, um calango *riscou* o silêncio.

Com o emprego dessas outras formas verbais, certamente se perderia o efeito de ação contínua, em pleno desenvolvimento, como interessou criar no poema.

Buscar as diferenças desses efeitos de sentido constitui-se um bom exercício para levar os alunos a compreender as possibilidades que a língua oferece de criar sentidos, simular movimentos, "retratar" atos significativos etc.

Desse modo, insiste-se aqui, o texto pode transformar-se num efetivo objeto de ensino, em que o aluno é levado a compartilhar, de fato, a construção do sentido e, ao mesmo tempo, atribuir significado ao que aprende, por meio da exploração das possibilidades e dos recursos da linguagem.

O texto, enfim, pode tornar-se um instrumento eficiente para conduzir o aluno a compreender que podemos utilizar a língua de modo variado, por meio de estratégias de convencimento do interlocutor/leitor e com vistas a produzir diferentes efeitos de sentido.

É desse modo que o aluno reconhecerá o valor dos usos da linguagem, determinados historicamente, de acordo com as demandas sociais de cada situação.

Vejamos como são marcadas pelo aspecto as palavras formadas pela raiz *chov-*, em algumas estrofes de um poema de Carlos Drummond de Andrade:

Caso pluvioso

A chuva me irritava. Até que um dia
descobri que Maria é que chovia.

Ela chovia em mim, em cada gesto,
pensamento, desejo, sono, e o resto.

Não me chovas, Maria, mais que o justo
chuvisco de um momento, apenas susto.

Eu lhe dizia em vão – pois que Maria
quanto mais eu rogava, mais chovia.

E chuveirando atroz em meu caminho
o deixava banhado em triste vinho,

que não aquece, pois água de chuva
mosto é de cinza, não de boa uva.

Chuvadeira Maria, chuvadonha,
chuvinhenta, chuvil, pluvimedonha!

Fonte: ANDRADE, Carlos D. de. *Antologia poética*. Rio de Janeiro: Record, 2008, p. 261.

O uso das formas verbais de pretérito imperfeito (*irritava, chovia, dizia, rogava, deixava*), predominantes no poema, estabelece o tom narrativo, de acontecimentos passados, mas não concluídos. Essas formas dão a ideia de continuidade, de duração dos processos verbais. São, por natureza, imperfectivas.

Combinando-se com essa narração de fatos que se prolongam no tempo, manifesta-se em todo o poema o jogo de palavras formadas com o radical *chov-*, que parece insinuar o barulho da chuva.

Tornam-se bem sugestivas desse acontecimento da chuva, além das palavras derivadas (*chuvadeira, chuvadonha, chuvinhenta, chuvil, pluvimedonha*), as formas verbais, presentes nos seguintes versos do poema:

> Ela *chovia* em mim/Não me *chovas*, Maria,/E *chuveirando* atroz em meu caminho

Tomemos, agora, o seguinte trecho de uma matéria jornalística, de Jefferson Lessa, intitulada "Se meu cigarro falasse...":

Dever filial

Anos 1970, primeira metade. Escrevo um bilhete endereçado a meus pais: "Parem de fumar enquanto é tempo!" Ou algo parecido. Minha irmã, dois anos mais nova, escreve bilhetes também. Novinha demais para entender o que faz, talvez nem esteja realmente engajada na nossa campanha. Uma campanha que, anos mais tarde, vai me irritar profundamente, quando dirigida a mim. Voltando aos anos 70: escrevemos bilhetinhos e os deixamos em lugares estratégicos. Em um ano e meio, papai vai parar com seus dois maços diários de Hollywood. Seis meses depois, mamãe vai abandonar seus Charms. Chris e eu cumprimos o nosso dever filial.

Fonte: LESSA, Jefferson. Se meu cigarro falasse... *O Globo*, 20 set. 2009. Caderno Rio, p. 14.

Cabe, aqui, lembrar o que discutimos na segunda parte desta obra, em relação às teorias de Weinrich (1974), sobre as distinções entre o **mundo comentado** e o **mundo narrado**. De acordo com essas ideias, podemos situar os mais variados tipos de relato no chamado mundo narrado. Ao mundo comentado, pertencem os textos que não consistem em relatos: poesias, dramas, ensaios, comentários etc.

O texto acima ("Dever filial") obviamente insere-se na esfera do mundo narrado. O locutor, nesse caso, assume o papel de narrador e instiga seu interlocutor a converter-se em leitor/

ouvinte, porém, nada existe que obrigue o locutor a relacionar o relato com o tempo passado, uma vez que o mundo narrado é indiferente ao tempo cronológico. Prova disso é a menção ao ano de 1970 e a presença da maioria das formas verbais no presente.

Ao analisar esse trecho, é interessante levantar a ideia de que os eventos narrados, que, em princípio, deveriam ser apresentados por meio de formas verbais do passado, indicando ações concluídas (aspecto perfectivo), não o são.

Revela-se, ao contrário, o interesse, da parte do locutor/responsável, pela enunciação, em referir-se ao processo que conduz ao evento em questão; parece interessar a ele apresentar as ações em seu desenvolvimento, como se sua duração fosse ampliada num efeito de câmera lenta.

Comparemos as duas situações de uso das formas verbais, apresentadas no quadro abaixo. Observemos, sobretudo, os diferentes efeitos provocados no texto recriado.

Texto original	Texto com alteração
Anos 1970, primeira metade. *Escrevo* um bilhete endereçado a meus pais: "Parem de fumar enquanto é tempo!" Ou algo parecido. Minha irmã, dois anos mais nova, *escreve* bilhetes também. Novinha demais para entender o que *faz*, talvez nem *esteja* realmente engajada na nossa campanha.	Anos 1970, primeira metade. *Escrevi* um bilhete endereçado a meus pais: "Parem de fumar enquanto é tempo!" Ou algo parecido. Minha irmã, dois anos mais nova, *escreveu* bilhetes também. Novinha demais para entender o que *fez*, talvez nem *estivesse* realmente engajada na nossa campanha.

Fica evidente que a intenção de tornar os eventos mais durativos/prolongados não se manifesta no texto transformado. Essa intenção não pode deixar de ser notada pelo professor que se propõe a utilizar esse texto em suas aulas e quer tratar do fenômeno verbal.

Assim, serão as mais adequadas, nesse caso, as questões de interpretação que busquem conduzir o aluno a refletir sobre essa intencionalidade do sujeito que narra os fatos e a relacioná-la à escolha de certas formas verbais e não de outras (as do texto transformado, por exemplo).

Torna-se bem interessante, ainda, um trabalho de comparação entre os modos de utilizar as formas verbais em textos de diferentes gêneros. Pensemos nessa comparação ao ler o seguinte relato, em que predominam as formas verbais imperfectivas:

PARA DE ME REMEDAR

As famílias eram numerosas. Os pais eram corajosos, tinham quatro, cinco, às vezes até oito filhos. E os filhos que nasciam em escadinha, um após o outro, viviam se estranhando. Nada tão grave, apenas picuinhas.

Em Minas Gerais não se imita, remeda! Está lá no *Aurélio*: "Remedar, do latim reimitare, (*re-* + *imitare*, imitar)". Remedar era a brincadeira preferida das crianças quando pegavam a estrada. No banco de trás iam apreciando a paisagem, vendo o gado pastar, comendo sanduíches preparados pelas mães, bebendo suco de groselha. E enchendo o saco um do outro.

– Olha uma vaca!

Aí o irmão repetia, usando os mesmos gestos:

– Olha uma vaca!

Quem falou primeiro ficava quieto e em poucos minutos testava se a brincadeira tinha começado:

– Vai chover!

– E vinha a repetição:

– Vai chover!

Então vinha o berro:

– Para de me remedar!

O pai, atento ao volante, virava para trás ameaçando uma bofetada:

– Vamos parar!!!

– É ele que está me remedando!

E o outro, bem baixinho para o pai não ouvir:

– É ele que está me remedando...

A brincadeira só acabava quando ele dizia:
– Eu sou um idiota!
Pronto, a brincadeira acabava aí porque ninguém queria imitar mais o outro, confessar que era um idiota.

Fonte: VILLAS, Alberto. *Admirável mundo velho*. São Paulo: Globo, 2009, pp. 227-9.

Também é evidente que o texto acima se situa no plano do mundo narrado. Dessa vez, a narração é feita por meio do emprego das formas verbais do pretérito imperfeito, tempo conhecido, aliás, como passado narrativo. A própria denominação desse tempo denota seu valor intrínseco, que é o de apresentar um fato que se desenvolvia no passado, mas que não se sabe, nem interessa saber, quando ou se acaba. O efeito de sentido provocado por esse uso é o de que as ações se prolongam, não acabam, projetam-se para o presente. Quem narra procura, desse modo, apresentar os acontecimentos com minúcias, fazer ver os diversos momentos da ação.

Portanto, antes de nos preocuparmos com a classificação das formas verbais segundo os tempos e modos, que deve ser feita numa etapa posterior, devemos atentar para seu uso e para os efeitos de sentido que provocam nas mais diversas situações de interação.

No trabalho de comparação entre os dois textos ("Dever filial" e "Para de me remedar"), convém levar em conta que o primeiro atende aos interesses de quem publica, num jornal de grande circulação (*O Globo*), uma matéria sobre o uso do cigarro e recolhe diversos casos interessantes narrados por uma série de locutores. Cada texto consistirá numa espécie de retrato ou de recorte para compor um quadro maior sobre o assunto em pauta (o combate ao vício de fumar).

Já o segundo texto se insere num conjunto de narrativas que compõem uma obra à qual se dá o nome de *Admirável mundo velho!* e cuja dedicatória, apresentada na abertura do livro, revela muito da intenção do autor:

Este livro é dedicado a todos aqueles que um dia acordaram com a macaca, que choraram as pitangas, que não entregaram a rapadura, que fizeram das tripas coração, que fundiram a cuca, que não deixaram a vaca ir pro brejo, que ficaram numa sinuca de bico, que um dia se estreparam, que jogaram aquele plá, que subiram nas tamancas, que ficaram em maus lençóis e que puseram as barbas de molho.

A hipótese que podemos formular é a de que tal dedicatória cria no leitor certa expectativa de que vai encontrar a narração de "causos" pitorescos e, geralmente, essas narrações são contadas em detalhes, sem pressa, justificando-se, assim, a opção pelas formas verbais de imperfeito. Pelo pensamento, o locutor se transporta ao passado e descreve o que então era presente.

É nesse ponto que se torna interessante a comparação desse uso predominante do imperfeito, com o emprego do presente do indicativo, no texto que compõe a matéria jornalística ("Dever filial"), em que se dava uma espécie de "presentificação" do passado, num efeito de *flash*, que registra os fatos como num retrato.

Levar os alunos a formular hipóteses sobre as intenções dos produtores desses textos e, também, sobre os efeitos de sentido provocados pelos usos das formas verbais predominantes é tarefa que pode surtir bons resultados.

Ainda com a intenção de levar os alunos a estabelecer comparações entre as formas verbais utilizadas em textos de variados gêneros, podemos selecionar uma notícia curta, como a seguinte:

Mulher irada ataca Mona Lisa

Uma mulher russa, enraivecida porque não lhe forneceram em Paris a cidadania francesa, decidiu extravasar a sua ira na inofensiva e estática Mona Lisa. "Armada" com uma xícara que levava dentro da bolsa, ela foi ao Museu do Louvre e se postou diante do quadro – que é protegido por um vidro. Atirou-lhe a xícara. Claro que a obra de Leonardo da Vinci nada sofreu. Continua no Louvre com seu enigmático sorriso, enquanto a autora do ato de vandalismo foi presa.

Fonte: GUEDES, Fabiana. Mulher irada ataca Mona Lisa. *IstoÉ*, 19 ago. 2009.

Predominam no texto, é fácil perceber, as formas de perfeito: *forneceram, decidiu extravasar, foi, se postou, atirou, sofreu, foi presa.*

Essas formas, perfectivas, por natureza, denotam ações que se produziram em certo momento do passado. Instaura-se no texto um observador dos fatos situado no presente e que considera esses fatos a partir desse presente (o momento da fala).

Tal afastamento das ações em relação ao presente é o que mais interessa observar na análise dessas formas de perfeito e, também, quando as comparamos às formas de presente, usadas com o valor de passado, e, ainda, às de imperfeito, utilizadas, respectivamente, nos dois textos anteriores.

Retomemos o texto e comparemos essas formas de pretérito perfeito com a de presente do indicativo, expressa no seguinte trecho:

Continua no Louvre com seu enigmático sorriso, enquanto a autora do ato de vandalismo foi presa.

Fica clara a oposição entre os aspectos perfectivo e imperfectivo, este revelado pela forma de presente do indicativo, que denota o fato atual (continuar), contemporâneo ao momento em que se fala. A ação se investe de um caráter durativo, próprio para marcar a permanência das ações no tempo.

Numa perspectiva que levasse em conta o caráter aspectual das formas verbais, caberia perguntar, por exemplo, se o aluno notou as diferenças de sentido, que o próprio texto revela, no uso do perfeito e do presente dos verbos.

Tal questão poderia conduzi-lo a uma verdadeira reflexão linguística, tão cara ao desenvolvimento dos processos mentais do sujeito. Haveria a aposta na capacidade do aluno de formular explicações para um fenômeno gramatical que envolve a intenção do enunciador de localizar, num passado remoto, as ações da mulher, porém de estender, ampliar a condição da obra de Leonardo Da Vinci (*continua no Louvre...*), situando-a num espaço temporal significativo (presente).

Manifestam-se, ainda, no texto em questão, outras marcas aspectuais interessantes. Uma delas é o uso do particípio, já mencionado na terceira parte desta obra. Consideremos os dois trechos do texto em que essa forma nominal é utilizada para descrever ou caracterizar o estado da mulher:

a) Uma mulher russa, *enraivecida* porque não lhe forneceram em Paris a cidadania francesa, decidiu extravasar a sua ira na inofensiva e estática Mona Lisa.

b) "*Armada*" com uma xícara que levava dentro da bolsa...

Não se optou, nesses casos, pelas formas de perfeito "enraiveceu-se" e "armou-se", respectivamente. É possível levantar uma série de hipóteses para justificar essa substituição de formas verbais, que exprimiriam simplesmente o passado, pelas formas nominais de particípio.

Uma delas é pressupor que os sentidos expressos pelas formas nominais de particípio passado dos verbos *enraivecer-se* e *armar-se* passam a compor, mais concretamente e mais objetivamente, a caracterização do estado da mulher naquela ocasião (*enraivecida* e *armada*). Percebemos que interessa mais caracterizá-la, descrevê-la pelos efeitos de sentido dos verbos *enraivecer-se* e *armar-se*, do que transformá-la no sujeito agente desses verbos.

Comparemos as duas situações, expostas no seguinte quadro:

Texto original	Texto com alteração
a) Uma mulher russa, *enraivecida* porque não lhe forneceram em Paris a cidadania francesa, decidiu extravasar a sua ira na inofensiva e estática Mona Lisa.	Uma mulher russa *enraiveceu-se* porque não lhe forneceram...
b) "*Armada*" com uma xícara que levava dentro da bolsa.	*Armou-se* com uma xícara...

Assim, notamos que, se fossem expressos no pretérito perfeito, esses verbos indicariam que os fatos ocorreram num passado abstrato, longínquo. Desse modo, também as formas de particípio (*enraivecida* e *armada*) são marcadas pelo aspecto perfectivo, já que servem, afinal, à expressão do perfeito.

Mesmo desacompanhadas de um verbo auxiliar, essas formas expressam fatos passados ou estados mais ou menos definitivos, "cravados" no tempo. Seus sentidos, como observamos no quadro, aproximam-se aos das construções: "Uma mulher, que *estava* enraivecida..." e "Ela, que *estava 'armada'*, foi...". Se assim fossem utilizadas no texto, certamente, outros efeitos seriam produzidos.

Tais formas de particípio indicam que fatos já concluídos (enraiveceu-se, armou-se) não são mais processos e, sim, estados (o predomínio do sentimento de raiva e a posse da "arma") que se quer ressaltar e até ironizar.

Esses estados se expressam por meio de formas nominais. São, na verdade, adjetivos que podem conter as marcas nominais de feminino e de número plural em /s/. São nomes-adjetivos, que, em vez de expressar a qualidade de um ser, expressam, semanticamente, processos que nele se passam. Pertencem, sob o ponto de vista da morfologia, à classe dos adjetivos, porém, no âmbito semântico e sintático, seu valor é verbal.

É interessante notar que, por essa razão, as formas nominais de particípio são consideradas verdadeiros adjetivos: por assumirem a função determinante do adjetivo, ampliando o sentido dos substantivos a que se referem. É uma ótima chance de levar o aluno a compreender por que essas formas são classificadas como "formas nominais" do verbo.

Vale, ainda, comparar o uso dessas formas com o de outros adjetivos do texto, para notar que existem certas diferenças:

> ... decidiu extravasar a sua ira na *inofensiva* e *estática* Mona Lisa. Continua no Louvre com seu *enigmático* sorriso...

Comparemos, também, aquelas formas nominais com outras formas de particípio que ocorrem no texto, agora, compondo construções da voz passiva:

> ... diante do quadro – que é *protegido* por um vidro.
> ... a autora do ato de vandalismo foi *presa*.

Diferentemente dos adjetivos e dos particípios grifados, o que se nota é que as formas caracterizadas como morfologicamente nominais (*enraivecida* e *"armada"*) assumem uma função sintaticamente verbal. Compõem orações classificadas como orações subordinadas reduzidas de particípio.

Se fossem estendidas (e não reduzidas), essas orações comporiam períodos como, por exemplo, os que se apresentam no seguinte quadro, em comparação com as construções originais:

Texto original (Períodos com as orações reduzidas)	**Texto com alteração** (Períodos com as orações não reduzidas)
Uma mulher russa, *enraivecida* porque não lhe forneceram em Paris a cidadania francesa, decidiu extravasar a sua ira na inofensiva e estática Mona Lisa.	Uma mulher russa, *que se enraiveceu* porque não lhe forneceram em Paris a cidadania francesa, decidiu extravasar a sua ira na inofensiva e estática Mona Lisa.

"*Armada*" com uma xícara que levava dentro da bolsa, ela foi ao Museu do Louvre e se postou diante do quadro – que é protegido por um vidro.	Ela, *que se "armou" com uma xícara* que levava dentro da bolsa, foi ao Museu do Louvre e se postou diante do quadro – que é protegido por um vidro.

Na produção da notícia referente à atitude da mulher russa, a opção pelo emprego das formas nominais simples certamente resulta de uma intenção da parte de quem quer comunicar o fato. O aluno deve ser desafiado a fazer suposições, inferências, a dar opiniões sobre essa intenção e, desse modo, estará compartilhando a construção do sentido do texto.

Insisto, aqui, em que se deve promover, no ensino, uma prática voltada para a reflexão produzida pelos próprios alunos, diante dos textos de variados gêneros e mediante a utilização de uma terminologia simples e que se aproxime, progressivamente, pela mediação do professor, do conhecimento gramatical produzido.

Essa prática é muito diferente da metodologia clássica, centrada na definição, classificação e exercitação dos fenômenos linguísticos, em que não se oferece ao aluno a oportunidade de alcançar resultados diferentes daqueles obtidos pela gramática tradicional, cuja descrição, em muitos aspectos, não corresponde aos usos reais da linguagem.

O que se quer ressaltar é que podemos desenvolver um trabalho efetivo de reflexão gramatical, integrado à leitura, que considere o texto uma real unidade de sentido e promova a participação efetiva dos alunos nessa reflexão.

Apropriando-se adequadamente do conteúdo selecionado, por exemplo, dos usos das formas verbais, e tendo a oportunidade de desenvolver as habilidades pretendidas, os alunos, certamente, aprenderão com o texto e encontrarão razões que motivem o aprendizado desse conteúdo.

O texto, afinal, não deve ser relegado ao papel de simples suporte/veículo, ou seja, como mero pretexto para a exemplificação teórica ou para os exercícios de reconhecimento ou de classificação gramatical.

A leitura e a interpretação do texto devem ser consideradas como atividades necessárias aos estudos gramaticais, de acordo com o que se lê nos PCNS:

> Os princípios organizadores dos conteúdos de Língua Portuguesa USO => REFLEXÃO => USO, além de orientarem a seleção dos aspectos a serem abordados, definem, também, a linha geral de tratamento que tais conteúdos receberão, pois caracterizam um movimento metodológico de AÇÃO => REFLEXÃO => AÇÃO que incorpora a reflexão às atividades linguísticas do aluno, de tal forma que ele venha a ampliar sua competência discursiva para as práticas de escuta, leitura e produção de textos (Brasil, 1998: 59-60).

O que se prevê, desse modo, é que o estudo da gramática leve o aluno a tornar-se leitor e produtor eficiente de textos orais e escritos que circulam socialmente. Para isso, é preciso que ele se acostume a estabelecer relações de sentido, compreendendo, de fato, o significado e a verdadeira função da palavra no contexto em que ela aparece.

Adotando-se essa perspectiva, o estudo da língua passa a ser desenvolvido em seus aspectos morfológicos, sintáticos e semântico-pragmáticos. O aluno adquire, assim, a prática de identificar as regularidades linguísticas e de analisá-las, aplicando os conhecimentos, durante as atividades de leitura e de produção de textos, num processo de ação/reflexão/ação.

Esse exercício de análise geralmente estimula o raciocínio, amplia a capacidade de formular hipóteses e de explicitar as regularidades, tomando-se por base o conhecimento gramatical previamente adquirido.

Vejamos como poderemos desenvolver um trabalho mais adequado de reconhecimento dos efeitos de sentido provocados pelos usos das formas verbais, no seguinte trecho de uma crônica:

UM, DOIS, TRÊS

Eu queria um dia fazer uma crônica como uma valsa antiga. Que rodopiasse pela página como, digamos, um velho comendador de fraque e a sua jovem amiga. Cheia de rimas como quimera e primavera. Com passos e compassos, ah quem me dera. Talco nos decotes, virgens suspirosas e uma sugestão de intriga. Os parágrafos seriam verso e figurações. No meio um lustre, na tuba um gordo e em cada peito mil palpitações. Os namorados trocariam olhares. As tias e os envergonhados nos seus lugares. E de repente uma frase perderia o fio, soltando sílabas por todos os salões.

A segunda parte me daria um nó.

Os pares param, o maestro espera e ninguém tem dó.

Dou ré, vou lá, já não caibo em mi.

E então decreto – vá fá – é cada um por si!

Um, dois, três.

Um, dois, três.

Fonte: VERÍSSIMO, Luís Fernando. *Comédias para se ler na escola*. Rio de Janeiro: Objetiva, 2001, p. 123.

O texto se abre com o uso da forma verbal de imperfeito do verbo *querer*, situando, portanto, a narração de um desejo num passado (não se disse "eu quero fazer") que não é acabado, como se esse desejo, nascido no passado, se estendesse ou se perpetuasse. Em concordância com esse uso de imperfeito, utiliza-se a forma, também de imperfeito, porém, agora, do subjuntivo: *rodopiasse*.

O sujeito/falante utiliza o pretérito imperfeito do indicativo, pois, embora atribua importância a seu desejo, não vê a possibilidade de que se torne realidade; sabe que esse desejo se afasta da realidade.

A descrição que se apresenta em seguida reforça o desejo do enunciador de que, no mesmo compasso de uma valsa, sua crônica seja:

> Cheia de rimas como quimera e primavera. Com passos e compassos, ah quem me dera. Talco nos decotes, virgens suspirosas e uma sugestão de intriga.

A forma de presente do indicativo (*digamos*) e a de pretérito mais-que-perfeito (quem me *dera*), também utilizadas no primeiro parágrafo, constituem-se expressões cristalizadas que marcam a presença do sujeito/enunciador a simular o tom de conversa com o leitor.

Já no segundo parágrafo, as formas verbais são flexionadas no futuro do pretérito (*seriam, trocariam, perderia*), tempo verbal que se emprega, em geral, para designar ações posteriores ao momento do qual se fala. Fala-se do passado, tempo em que se situa o "querer" do enunciador. Notamos que as formas do futuro do pretérito, nesse caso, indicam que o falante vê a possibilidade de seu desejo tornar-se realidade, mediante certa condição – caso fizesse uma crônica como uma valsa antiga:

> Os parágrafos *seriam* verso e figurações... Os namorados *trocariam* olhares... E de repente uma frase *perderia* o fio...

Podemos compreender, assim, por que razão esse futuro do pretérito é também denominado "condicional".

Observemos, ainda no segundo parágrafo, o efeito de prolongamento, de "espacialização", provocado pelo uso da forma de gerúndio (aspectual, por natureza), no trecho:

E de repente uma frase perderia o fio, *soltando* sílabas por todos os salões.

Uma atividade que pode ser produtiva no ensino é sugerir ao aluno que substitua essa forma de gerúndio, usada no texto, por uma construção que expresse um sentido aproximado. Uma possibilidade é considerar que a forma de gerúndio "soltando" possa equivaler a um elemento circunstancial de modo, como se expõe no quadro seguinte:

Texto original	Texto com alteração
E de repente uma frase perderia o fio, *soltando* sílabas por todos os salões.	E de repente uma frase perderia o fio, *de modo que soltava* sílabas por todos os salões.

Ao propor tais desdobramentos das formas de gerúndio, o próprio aluno estará fazendo inferências, construindo sentidos, manipulando recursos que a língua coloca à disposição do usuário. Estará buscando, sobretudo, compreender as opções dos falantes/usuários da língua por determinadas formas e não por outras.

Assim, por meio dessas atividades, o professor poderá explorar a capacidade do aluno de formular hipóteses para explicar as marcas que o sujeito da enunciação deixa em seu discurso e de tentar descobrir a intenção com que esse sujeito "imperfectiviza", "espacializa" as ações, e ainda avaliar em que medida o ouvinte/leitor se insere nessa intenção do sujeito.

Voltando ao texto em questão, o parágrafo

A segunda parte me *daria* um nó.

bem curto, em que se anuncia a segunda parte da crônica/valsa, constrói-se, também, com o uso do futuro do pretérito. Evidencia-se, desse modo, que se trata, ainda, da exposição de um desejo do enunciador.

Já nos parágrafos seguintes (todos também bem curtos)

> Os pares param, o maestro espera e ninguém tem dó.
> Dou ré, vou lá, já não caibo em mi.
> E então decreto – vá fá – é cada um por si!
> Um, dois, três.
> Um, dois, três.

predominam as formas verbais de presente do indicativo. É interessante observar os efeitos dessa "presentificação", na construção da valsa/crônica.

Notamos que essas formas de presente do indicativo (imperfectivas) contribuem para tornar "visível", "real", o desenrolar do compasso da valsa. Seu uso parece ser um convite a que o leitor/ouvinte compartilhe com o sujeito/falante as sensações provocadas pela valsa.

O texto, assim tomado como uma unidade de sentido, ou como um verdadeiro objeto de ensino, transforma-se num eficiente instrumento para a exposição adequada da categoria de tempo, estreitamente vinculada à de aspecto.

Percebemos, desse modo, que a escolha dos recursos linguísticos sempre se dá de acordo com uma intenção; além disso, o sujeito/falante, por meio do que expressa, sempre deixa traços do contexto em que se insere.

Tomemos um trecho de uma entrevista com Luís Fernando Veríssimo, o autor da crônica/valsa que acabamos de ler, em que ele explica como escreve suas crônicas:

Luiz Costa Pereira Junior: Com o que você mais se preocupa quando vai escrever uma crônica?

Luis Fernando Veríssimo: Busco, quando posso, imprimir certa variedade ao material, seja na maneira de escrever ou na abordagem. Mas tudo depende de ter ou não tempo para pensar muito sobre um assunto. Às vezes, há questões obrigatórias no ar. Fora essas, traço o tema que me ocorre. Já houve tempo em que me era indiferente a dificuldade de encontrar o tema de uma crônica ou as observações que dão molho a ela. Mas, ultimamente, tem sido cada vez mais complicado encontrar o tema sobre o qual falarei. Tenho a impressão de que tudo já foi escrito, tudo já foi dito. Tenho, nessas horas, certa hesitação. Sempre.

Fonte: PEREIRA JUNIOR, Luiz C. Muito além do gênero. *Língua Portuguesa*, São Paulo, ano 3, n. 44, jun. 2009, p.15.

Interessante é levar o aluno a perceber a diferença entre o sujeito/falante, que se manifesta na entrevista (um sujeito empírico, mais próximo do mundo real) e o que se manifestou como um cronista a compor a crônica/valsa (sujeito enunciador/narrador, responsável pela enunciação).

A opção pelas formas verbais, em sua maioria, do presente do indicativo, na entrevista, justifica-se por motivos diferentes daqueles que se revelavam na crônica. O presente, agora, coincide com o momento da fala, ou seja, o momento em que se encontram os dois interlocutores da entrevista. O mundo é o da realidade (aqui/agora), não mais o da ficção, como ocorria na crônica.

Cabe a comparação também entre os usos das formas verbais de passado e de presente, no seguinte trecho da entrevista:

Já *houve* tempo em que *era* indiferente a dificuldade de encontrar o tema de uma crônica ou as observações que *dão* molho a ela.

A identificação das formas verbais de perfeito (*houve*), de imperfeito (*era*) e de presente (*dão*) deve ser acompanhada da análise dos traços semântico-discursivos inerentes a essas formas, que passa necessariamente pela questão do aspecto. Dizer que "Já *houve* tempo" é situar o fato num passado longínquo, abstrato, acabado (aspecto perfectivo). Por outro lado, afirmar que

> me *era* indiferente a dificuldade de encontrar o tema de uma crônica ou as observações que *dão* molho a ela

é expressar a ideia de continuidade ou de permanência da dificuldade no passado e de que as observações continuam, no presente, a "dar molho" à crônica. *Era* e *dão* marcam-se pelo aspecto imperfectivo.

Essa comparação pode conduzir o aluno ao aprendizado mais eficiente das categorias verbais de tempo e de aspecto. Além de perceber as diferenças de uso dessas formas verbais, o aluno pode pensar nas razões que levaram o sujeito/falante a utilizá-las e de perceber que os sentidos por elas expressos ultrapassam o âmbito do tempo, do modo, da pessoa, do número e da voz.

Ainda no universo das narrativas, observemos as formas verbais, por nós grifadas, no seguinte trecho de um conto de Lygia Fagundes Telles:

> **Eu era mudo e só**
>
> *Sentou* na minha frente e *pôs-se a ler* um livro à luz do abajur. Já *está preparada* para *dormir*: o macio roupão azul sobre a camisola, a chinela de rosinhas azuis, o frouxo laçarote de fita também azul *prendendo* os cabelos alourados, a pele tão limpa, tão brilhante, *cheirando* a sabonete provavelmente azul, tudo tão vago, tão imaterial. Celestial.

– Você *parece* um postal. O mais belo postal da coleção Azul e Rosa. Quando eu *era* menino, *adorava colecionar* postais. Ela *sorri* e eu *sorrio* também ao *vê*-la *consertar* quase imperceptivelmente a posição das mãos. Agora o livro *parece flutuar* entre seus dedos tipo Gioconda. *Acendo* – *dizia* sempre que eu *era* muito esquisito. "Ou esse seu filho *é* meio louco, mana, ou então..." Não *tinha* coragem de completar a frase, só *ficava* me *olhando*, sinceramente preocupada com meu destino. *Penso* agora como ela *ficaria* espantada se me *visse* aqui nesta sala que mais *parece* a página de uma dessas revistas da arte de decorar, bem vestido, bem barbeado e bem casado, solidamente casado com uma mulher divina-maravilhosa: quando *borda*, o trabalho *parece sair* das mãos de uma freira e quando *cozinha*!... Verlaine em sua boca *é* aquela pronúncia, a voz impostada, uma voz rara. E se *tem* filho então, tia Vicentina?! A criança *nasce* uma dessas coisas, *entende*?... Tudo tão harmonioso, tão perfeito.

Fonte: PORTELLA, Eduardo (org.). *Os melhores contos de Lygia Fagundes Telles*. 2. ed. São Paulo: Global, 1984, p. 41.

Torna-se bem evidente, no texto, o contraste entre as formas verbais de pretérito (perfeito e imperfeito) e de presente do indicativo. Esse contraste não pode passar despercebido por quem analisa o texto ou se propõe a utilizá-lo numa atividade didática.

A narrativa se abre com um período composto por dois verbos flexionados no pretérito perfeito:

Sentou na minha frente e *pôs-se a ler* um livro à luz do abajur.

Essas formas de passado são, por natureza, perfectivas/resultativas, conforme já vimos. Situam, num passado distante, as ações de *sentar* e de *pôr-se a ler*. Parecem não ter muita importância em relação ao que o sujeito/falante quer, de fato, narrar. Contrastam com as formas de presente, utilizadas nos outros parágrafos do texto.

É possível pressupor a intenção do sujeito/falante, no texto, de trazer para o presente certos fatos e situações que marcaram seu passado e que, por isso, vale a pena reavivar. Na descrição da mulher que *já está preparada para dormir*, o uso das formas de gerúndio contribui para a caracterização da cena: o laço a prender os cabelos e a pele a cheirar a sabonete.

Assim, os valores temporais e aspectuais das formas verbais não podem deixar de ser explorados. Não podemos perder a oportunidade de levar o aluno a formular hipóteses para a escolha dessas formas verbais, que decorre, certamente, dos efeitos que o sujeito/falante quer provocar ao narrar a história.

Para incentivar os alunos a formular hipóteses sobre as marcas que o sujeito da enunciação deixa em seu discurso, caberia questionar, por exemplo:

- Com que intenção o sujeito/falante utiliza, no texto, as formas verbais de passado e de presente?
- Quais dessas formas situam as ações num passado remoto? Quais formas tornam os acontecimentos mais prolongados no tempo?
- Imagine que o texto assim começasse: "*Sentava* na minha frente e *punha-se a ler* um livro à luz do abajur". Que diferença haveria entre o sentido dessa nova construção e o do texto original?
- Em que medida o leitor/ouvinte se envolve ou se insere nas intenções do sujeito que se expressa no texto?

Por meio dessas reflexões, o aluno pode ser conduzido a observar as escolhas linguísticas feitas dentre uma série de opções que a língua oferece e que são responsáveis pela construção de sentido dos textos. Esse exercício de reflexão certamente contribuirá para que ele também se aproprie, de modo adequado, dos recursos linguísticos em suas práticas discursivas, de modo a construir sentidos em textos que produz ou que lê.

Situando-nos, ainda, na esfera das narrativas, pensemos na utilização de um texto humorístico (uma piada) para o estudo das categorias verbais de tempo e de aspecto. As piadas, em geral, atraem os alunos, por várias razões: são, em geral, textos curtos, que promovem a interação face a face, são passíveis de memorização e de fácil reprodução, instigam a produção de novos textos etc.

Observemos, por exemplo, o texto que se apresenta abaixo, com as formas verbais por nós grifadas:

Um mineiro *estava* com um burrinho numa estrada de Minas, quando *para* ao seu lado uma Ferrari. O motorista, um carioca metido a esperto, *abre* o capô e *esnoba* o mineiro:
– Aqui dentro *tem* 400 cavalos.
E *arranca* com o carrão, *deixando* uma nuvem de poeira na cara dele.
Pouco à frente, o carioca se *distrai* e *cai* com sua Ferrari num ribeirão. Logo depois, *chega* o mineiro e *pergunta*:
– *Tá dando de beber* pra tropa?

Fonte: MATTOS, Amir. *Brincadeiras, pegadinhas e piadas da internet.* Belo Horizonte: Leitura, 2001, p.125.

Nesse tipo de texto, em geral, predomina o aspecto imperfectivo, dada a intenção do contador de piadas de "presentificar" ao máximo o fato narrado e de envolver o ouvinte/leitor no mundo recriado, já que busca provocar o riso.

Essa intenção do sujeito/falante, na piada, não pode deixar de ser explorada nas primeiras atividades de interpretação do texto. O estudo das formas verbais, que o próprio aluno deverá identificar no texto, deve atrelar-se a essa interpretação. Certamente os alunos serão capazes de perceber as razões da escolha de certas formas verbais e não de outras para a construção do sentido do texto.

Por exemplo, os alunos poderão argumentar que o uso do imperfeito do verbo "estar", utilizado no início da história

> Um mineiro *estava* com um burrinho numa estrada de Minas...

lembra o "Era uma vez" dos contos de fada e das fábulas. Trata-se, conforme já mencionado nesta obra, do uso do imperfeito como passado narrativo.

Logo depois, a opção do sujeito/narrador se dá pelo uso das formas de presente do indicativo

> ... quando *para* ao seu lado uma Ferrari... *abre* o capô e *esnoba* o mineiro...

A história é transportada do passado para o presente, criando-se a impressão de que as ações estão em acontecimento, sem limite marcado.

Interessante também é notar os efeitos de sentido provocados pelo uso das formas de gerúndio, no texto. Podemos formular hipóteses para esses usos, como, por exemplo:

Trechos do texto original	Hipóteses para o uso do gerúndio
E arranca com o carrão, *deixando* uma nuvem de poeira na cara dele.	O gerúndio denota o modo de ser da ação de "arrancar com o carro", expandindo-a num determinado período de tempo. A ação de "arrancar com o carro" é concomitante à de deixar uma nuvem de poeira.
– *Tá dando de beber* pra tropa?	Empregado com o auxiliar "estar" (em sua forma reduzida "Tá"), o gerúndio da expressão "dar de beber" denota o aspecto imperfectivo da ação verbal, que se estende no tempo, como se o sujeito/falante pretendesse levar o leitor/ouvinte a assistir de perto à cena.

Formulando hipóteses como essas, os alunos terão a oportunidade de comparar os usos das formas simples com o das formas compostas e perceber os efeitos de sentido que cada um desses usos provoca ou provocaria no texto.

Outra atividade que permite perceber esses efeitos é substituir as formas de gerúndio por outras de presente, por exemplo:

Texto original	Texto com alteração
E arranca com o carrão, *deixando* uma nuvem de poeira na cara dele.	E arranca com o carrão e *deixa* uma nuvem de poeira na cara dele.
– *Tá dando de beber* pra tropa?	– Você *dá de beber* à tropa?

Notamos que, nos dois casos de usos das formas de presente, nos trechos transformados, não se cria o efeito de instantaneidade das ações de "deixar" e de "dar de beber", expresso pelas formas de gerúndio do texto original. O mais interessante, entretanto, é perceber que esse efeito de contemporaneidade, de ações em desenvolvimento, contribui em grande medida para provocar, no texto original, o humor da piada, principalmente no segundo caso com o uso da locução verbal (*Tá dando de beber...*).

É fundamental, portanto, levar o aluno a formular hipóteses sobre essas diferenças de sentido e não apenas a simplesmente identificar e classificar as formas verbais segundo os quadros da organização dos tempos e modos do português. Esse trabalho de classificação e de sistematização do conhecimento deve ficar, insisto aqui, para uma segunda etapa.

Pensemos em textos de outro gênero, que também oferece uma série de possibilidades para o estudo das categorias de tempo e de aspecto: o gênero epistolar. As cartas (familiares ou comerciais), os bilhetes, convites, avisos, enfim, os textos que compõem esse gênero e que têm um papel significativo nas relações sociais devem circular no ambiente de ensino.

Tomemos, por exemplo, o seguinte trecho de uma carta de Mário de Andrade, endereçada a Fernando Sabino:

S. Paulo, 1-XII-43

Fernando

Amanheci me sentindo tão bem hoje... Também, foi a primeira vez em que consegui dormir umas quatro horas seguidas, depois que reentrei nesta cama odiosa, semana e meia faz. Entrei, aliás, com coragem e sem nenhum espírito de tragédia. Mandei fazer uma mesa pra cima de cama que é um labirinto, toma todas as posições, serve pra tudo e que como sucede sempre com a teoria da comodidade, nem sempre corresponde à comodidade verdadeira. Em todo caso... Os outros acham que é uma maravilha e nela estou lhe escrevendo.

Fonte: SABINO, Fernando; ANDRADE, Mário de. *Cartas a um jovem escritor e suas respostas*. Rio de Janeiro: Record, 2003, p. 150.

O texto tem início com uma forma verbal de pretérito perfeito ("*Amanheci* me sentindo tão bem hoje..."), que, em princípio, é incoerente com o sentido do elemento circunstancial de tempo "hoje". Percebemos, entretanto, que não há incoerência, pois, ao expressar seus sentimentos ao amigo, o sujeito opta por utilizar uma forma de perfeito de um verbo no sentido figurado já que quer dizer ao amigo que se encontra ou se sente bem, pela manhã que já começara há certo tempo. Ele não disse "Amanheço me sentindo bem hoje...". Se assim o dissesse, causaria a impressão de que acordava naquele momento.

O uso das formas verbais implica, assim, convém repetir, uma estreita relação com a dimensão pragmático-discursiva da linguagem. O sujeito, ao expressar-se, revela uma série de condições sócio-históricas do contexto em que se insere no momento da enunciação.

Esse exemplo de uso do pretérito perfeito, na carta de Mário de Andrade, que denota um fato não realizado por completo, não acabado, diferentemente do que se esperaria de seu emprego habitual, comprova que não se pode considerar que todas as formas de perfeito são marcadas exclusivamente pelo aspecto perfectivo.

Observemos o caso de outro uso do pretérito perfeito que também não denota perfectividade. Trata-se da chamada de um comercial televisivo de uma rede popular de lojas:

Comprou móveis a partir de R$ 490,00, *levou* um celular de graça!

O ato de comprar ainda não se realizou, pelo menos, para a maioria dos telespectadores, pois a propaganda é, na verdade, um chamariz para levar à compra dos móveis.

O efeito causado no texto pelo uso do pretérito perfeito, entretanto, é o de que a oferta é um fato consumado, sem possibilidade de qualquer dúvida. A efetivação do ato da compra, assim, é o argumento que permite alcançar o objetivo básico do texto: convencer o interlocutor a consumir o produto (no caso, os móveis daquelas lojas).

Os efeitos de sentido seriam outros, caso a frase fosse expressa de outras maneiras, como, por exemplo:

- Quem *compra* móveis a partir de R$ 490,00 *leva* um celular de graça.
- Quem *comprar* móveis a partir de R$ 490,00 *levará* um celular de graça.
- *Compre* móveis a partir de R$ 490,00 e *leve* um celular de graça.

Notamos que, nas frases sugeridas, a ênfase já não recai tanto sobre o ato da compra, mas, sim, sobre o comprador e o benefício que receberá.

Comparando-se as quatro frases (a original e as três usadas na comparação), é fácil notar que a opção pelo emprego do pretérito perfeito atendeu melhor às intenções de quem produziu o comercial.

Voltando ao texto da carta de Mário de Andrade a Fernando Sabino, encontramos vários outros verbos flexionados no pretérito perfeito: *foi, consegui dormir, reentrei, entrei, mandei fazer, recebi* etc. Todas essas formas verbais se marcam pelo aspecto perfectivo, já que expressam ações situadas num passado abstrato, já distante do momento em que o sujeito escreve a carta.

É interessante comparar tais formas de passado com as de presente do indicativo e de gerúndio, empregadas no texto:

> ... depois que reentrei nesta cama odiosa, semana e meia *faz*. Mandei fazer uma mesa pra cima de cama que *é* um labirinto, *toma* todas as posições, *serve* pra tudo e que como *sucede* sempre com a teoria da comodidade, nem sempre *corresponde* à comodidade verdadeira.
> ... os outros *acham* que *é* uma maravilha e nela *estou lhe escrevendo*.

Podemos levantar algumas hipóteses para os usos dessas formas de presente, imperfectivas, por natureza.

Observemos as que se apresentam no seguinte quadro:

Formas do texto	Hipóteses para o uso dessas formas
faz	Indica que o falante se encontra na própria meia semana referida, portanto, denota algo que se prolonga até o momento em que ele fala.
é, toma e *serve*	Expressam o estado atual do objeto (a mesa) descrito pelo falante.

sucede e *corresponde*	Denotam espécies de verdades universais, opiniões que se perpetuam.
acham	Enuncia uma opinião atual, corrente, no momento em que o falante se expressa.
estou lhe escrevendo	"Estou", seguido de uma forma de gerúndio, indica uma ação que se desenvolve no exato momento da fala do sujeito.

Por fim, analisemos uma parte de uma propaganda de operadoras de TV por assinatura, em que se oferece um "pacote" para assistir aos jogos do Campeonato Brasileiro de Futebol:

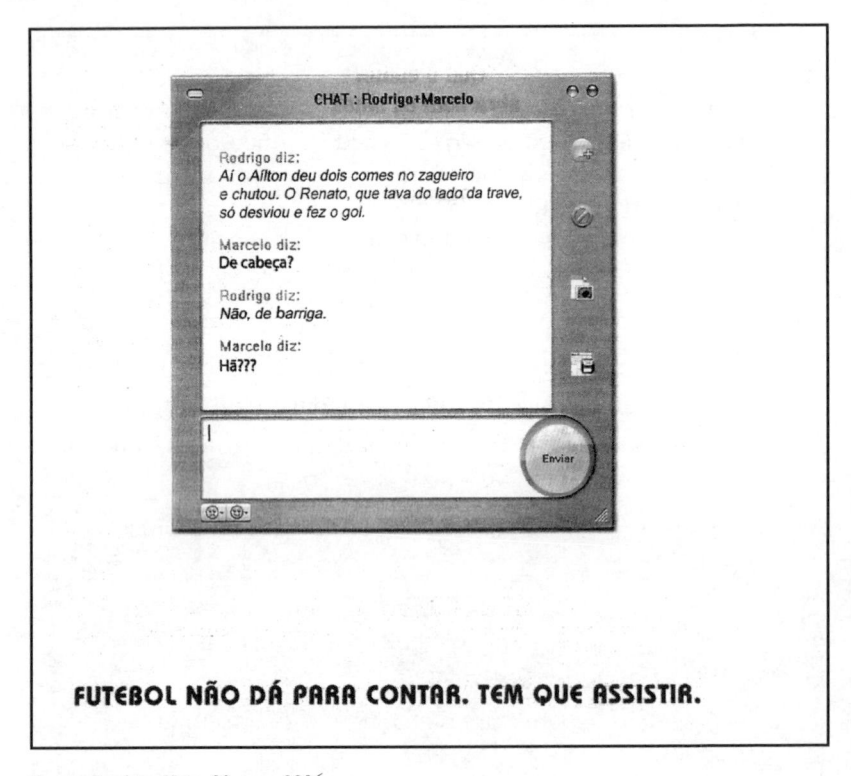

Fonte: Revista *Veja*, 30 ago. 2006.

A interpretação da frase de efeito dessa propaganda ("Futebol não dá para contar. Tem que assistir") e, ainda, a observação das formas verbais utilizadas na conversa entre os interlocutores, apresentada na tela que compõe o texto, podem ser boas oportunidades para promover com os alunos a construção das hipóteses de que vimos falando.

Podemos sugerir que os alunos imaginem como seria narrado, ao vivo, o gol a que se refere o personagem Rodrigo, no texto. As formas verbais, certamente, seriam substituídas por outras que representariam o desenrolar da partida – formas de presente, de gerúndio, locuções e perífrases verbais etc., acompanhadas ou não de elementos circunstanciais (agora, já, quase, assim, então etc.).

Consideremos uma possibilidade de transformação do texto, como a que se apresenta no seguinte exemplo:

Texto original (Chat)	Texto com alteração (Narração "ao vivo")
Rodrigo diz: Aí o Ailton deu dois comes no zagueiro e chutou. O Renato, que tava do lado da trave, só desviou e fez o gol. **Marcelo diz:** De cabeça? **Rodrigo diz:** Não, de barriga. **Marcelo diz:** Hã??	E lá vai o Ailton... Vai, vai, dá dois comes no zagueiro e chuta... O Renato, do lado da trave, pega a bola, desvia, pega novamente e, de barriga, faz... GOOOOOLLLLL!!!!

Os alunos, com certeza, notarão que são outros os efeitos de sentido provocados pelas formas verbais utilizadas no texto recriado.

A escolha dessas formas (as que foram utilizadas, no texto original, e, principalmente, as que ficaram pressupostas como as que deveriam ser usadas numa narração do jogo em acontecimento) deve ser analisada em relação à intenção de quem produz o texto da propaganda: vender um produto (no caso, o "pacote" de jogos do campeonato). Dentro dessa propaganda, insere-se o chat, que passa a figurar, então, como um forte argumento para o alcance do objetivo do texto.

Em atividades como essas sugeridas, as formas verbais passam a ser tratadas como verdadeiras práticas discursivas. Os sujeitos que as utilizam sempre têm uma razão para suas escolhas, sempre relacionadas à intenção de comunicar algo a alguém, em determinado tempo e espaço. Para o alcance de seu objetivo, selecionam sempre um modo de dizer adequado a seu intento.

Para concluirmos essas observações, reproduzimos aqui uma espécie de desabafo de Neves (2003: 85), que há muito tempo se dedica ao estudo das questões de língua e linguagem, discurso e texto e busca verificar como aplicá-las ao ensino da língua materna:

> É lamentável a concessão do espaço da escola para o tratamento da gramática como mera transmissão e registro de paradigmas, dos quais se pode, sem medo de errar, dizer que são a recorrência de esquemas mudos, de esqueletos inexplicados, que a seguir se vestem com a carne de alguns exemplos que se adaptem – seja como for – ao talhe do defunto, oferecendo-se, então, o produto.
>
> Na verdade, o que aí vemos é, abertamente, uma "criatura" (a gramática disciplina) ficar distorcidamente maior do que seu "criador" (a gramática organização), e a metalinguagem pôr-se a engolir a linguagem que lhe deu nascimento e estatuto.

Há, sem dúvida, muito ainda a dizer sobre as categorias verbais de tempo e de aspecto. Do mesmo modo, há ainda muito a investigar sobre as outras categorias relacionadas à caracterização do verbo – o modo, a pessoa, o número, a voz.

Restringi aqui nosso estudo ao tempo e ao aspecto, procurando demonstrar que são categorias solidárias, não antagônicas, que se entrecruzam frequentemente. É fundamental notar que ambas se apoiam na noção de tempo, para expressar o processo verbal.

O **tempo**, como procurei esclarecer, associa o evento ao momento em que é enunciado e a um momento de referência; o **aspecto** exprime o tempo que é inerente ao evento, o tempo de desenvolvimento desse evento. Ambas as categorias, portanto, como frisei, se apoiam na noção de tempo.

Desse modo, busquei trazer para a discussão algumas ideias que julguei pertinentes para provocar a reflexão do leitor sobre esses fenômenos linguísticos que permeiam com bastante frequência os textos orais e escritos.

Busquei, sobretudo, demonstrar que as categorias de tempo e de aspecto devem ser examinadas como categorias semânticas e discursivas, ou seja, como verdadeiros processos enunciativos de construção de sentido. Por isso, seu estudo deve direcionar-se para o domínio do texto e do discurso.

Foi também minha intenção alertar o professor para a necessidade de explicitar os pontos de vista que envolvem seu trabalho com o aluno, principalmente quando a intenção é promover não só o conhecimento do objeto desse ensino – a língua, e, mais especificamente, a linguagem –, mas, sobretudo, analisar o exercício da linguagem, sua prática, nas mais diversas situações em que se envolvem os sujeitos do discurso.

Procurei demonstrar que o ensino de língua materna deve ocorrer num espaço em que as práticas de uso da linguagem sejam compreendidas em sua dimensão histórica e em que a necessidade de análise e sistematização teórica dos conhecimentos linguísticos decorra dessas mesmas práticas.

As ideias aqui levantadas devem ser vistas, portanto, como tentativas de promover com o professor um diálogo franco sobre as principais questões que afetam todos aqueles que se dedicam ao estudo de novas teorias da linguagem e de seu uso nas mais variadas situações comunicativas.

Busquei, sobretudo, mostrar que é possível desenvolver o ensino da categoria verbal sob novos pontos de vista, como objeto de investigação, por exemplo, da semântica, da pragmática, da linguística textual, da análise do discurso.

Não quero e, é claro, não posso destruir o que a tradição gramatical já pregou. Quero, na verdade, provocar uma reflexão acerca de estratégias que possam levar à compreensão mais adequada dos fenômenos linguísticos.

Espero, portanto, que decorra dessas nossas reflexões o interesse por uma discussão mais abrangente de questões de língua e linguagem, da atividade linguística dos sujeitos, das relações e interações entre oralidade e escrita, da natureza do discurso e do texto etc.

Tenho em vista, sobretudo, que a formação do professor se coloca como necessária para que a efetiva e tão esperada transformação do ensino se realize.

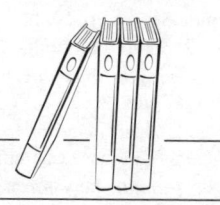

Bibliografia

Barros, D. L. P. Procedimentos de construção do texto falado: aspectualização. *Língua e Literatura*, São Paulo, v. 21, pp. 67-76, 1994.

Bechara, E. *Moderna gramática portuguesa.* 37. ed. Rio de Janeiro: Lucerna, 2001.

Benveniste, E. *Problemas de linguística geral.* Trad. M. G. Novak e L. Neri. São Paulo: Companhia Editora Nacional/Edusp, 1976.

Binnick, R. I. *Time and verb.* A guide to tense and aspect. New York: Oxford University Press, 1991.

Brasil. *Parâmetros Curriculares Nacionais:* ensino fundamental 3º e 4º ciclos. Brasília: MEC/ Secretaria de Educação Fundamental, 1998.

_____. *Parâmetros Curriculares Nacionais:* ensino médio. Brasília: MEC/SEMTEC, 2002.

Buck, C. D. *Comparative Grammar of Greek and Latin.* Chicago: The University of Chicago Press, 1948.

Câmara Jr., J. M. *Estrutura da língua portuguesa.* 6. ed. Petrópolis: Vozes, 1975.

Castilho, A. T. *Introdução ao estudo do aspecto verbal na língua portuguesa.* Marília: Faculdade de Filosofia e Letras de Marília, 1968. (Coleção Teses, n. 6).

Comrie, B. *Aspect:* an introduction to the study of verbal aspect and related problems. 4. ed. Cambridge: Cambridge University Press, 1985.

Costa, S. B. B. *O Aspecto em português.* São Paulo: Contexto, 1990.

Ilari, R. *A expressão do tempo em português.* São Paulo: Contexto/Educ, 1997.

_____; BASSO, R. *O português da gente:* a língua que estudamos – a língua que falamos. São Paulo: Contexto, 2006.

KOCH, I. G. V. *Argumentação e linguagem.* 7. ed. São Paulo: Cortez, 2002.

_____; BENTES, A. C. Aspectos da cortesia na interação face a face. In: PRETI, D. (org.). *Cortesia verbal.* São Paulo: Humanitas, 2008, pp. 19-48.

LYONS, J. *Semantics.* 2. reimp. Cambridge: Cambridge University Press, 1978.

MAINGUENEAU, D. *Elementos de linguística para o texto literário.* Trad. M. A. B. de Mattos. São Paulo: Martins Fontes, 2001.

MEILLET, A.; VENDRYES, J. *Traité de grammaire comparée des langues classiques.* 2. ed. Paris: Librairie Ancienne Édouard Champion, 1948. (1. ed. 1924)

NEVES, M. H. M. *Que gramática ensinar na escola?* Norma e uso na língua portuguesa. São Paulo: Contexto, 2003.

PEREIRA, E. C. *Gramática expositiva.* 11. ed. São Paulo: Companhia Editora Nacional, 1958. (1. ed. 1926)

PERELMAN, C.; OLBRECHTS-TYTECA, L. *Tratado da argumentação:* a nova retórica. Trad. M. E. A. P. Galvão. 2. ed. São Paulo: Martins Fontes, 2005.

PERINI, M. *Gramática descritiva do português.* 4. ed. São Paulo: Ática, 2002.

PONTES, E. *Verbos auxiliares em português.* Petrópolis: Vozes, 1973.

TRAVAGLIA, L. C. *O aspecto verbal no português:* a categoria e sua expressão verbal. 4. ed. Uberlândia: EDUFU, 2006. (1. ed. 1981)

WEINRICH, H. *Estructura y función de los tiempos en el lenguaje.* Trad. F. Latorre. Madrid: Gredos, 1974.

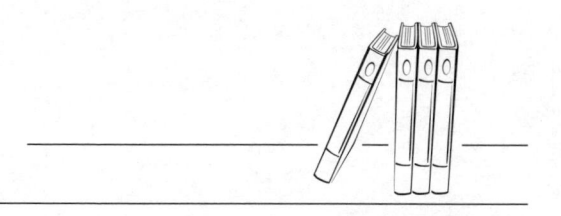

A autora

Maria Valíria Vargas é mestre em Filologia e Língua Portuguesa pela Faculdade de Filosofia, Letras e Ciências Humanas da Universidade de São Paulo (FFLCH-USP) e doutora em Filologia e Linguística Românica também pela FFLCH-USP. Docente aposentada da mesma faculdade, atuou na área de Língua e Literatura Sânscrita do Departamento de Letras Clássicas e Vernáculas e no Programa de Pós-graduação do Departamento de Linguística daquela universidade e, atualmente, integra o corpo permanente do Programa de Mestrado Acadêmico da Área de Linguística da Universidade Cruzeiro do Sul. Presidiu a Associação de Professores de Língua e Literatura (APLL), participou e participa de projetos e de cursos de especialização e de atualização de professores dos três níveis de ensino. É autora e coautora de diversas publicações.

GRÁFICA PAYM
Tel. (011) 4392-3344
paym@terra.com.br